中国工程院新闻办公室 编

担当

中国工程院
科技扶贫故事

中国科学技术出版社

·北 京·

图书在版编目（CIP）数据

担当：中国工程院科技扶贫故事 / 中国工程院新闻办公室
编．－－ 北京：中国科学技术出版社，2021.10
ISBN 978-7-5046-9103-3

Ⅰ．①担… Ⅱ．①中… Ⅲ．①中国工程院－院士－科技扶贫－
先进事迹 Ⅳ．① K826.1 ② F323.3

中国版本图书馆 CIP 数据核字 (2021) 第 136073 号

总 策 划	《知识就是力量》杂志社
策划编辑	郭　晶　何郑燕
责任编辑	江　琴
封面设计	张　蕾
版式设计	张　蕾
文字整理	马之恒
责任校对	张晓莉
责任印制	徐　飞

出　　版	中国科学技术出版社
发　　行	中国科学技术出版社有限公司发行部
地　　址	北京市海淀区中关村南大街 16 号
邮　　编	100081
发行电话	010-62173865
传　　真	010-62173081
网　　址	http://www.cspbooks.com.cn

开　　本	720mm×1000mm 1/16
字　　数	205 千字
印　　张	13
版　　次	2021 年 10 月第 1 版
印　　次	2021 年 10 月第 1 次印刷
印　　刷	北京利丰雅高长城印刷有限公司
书　　号	ISBN 978-7-5046-9103-3/K·296
定　　价	78.00 元

（凡购买本社图书，如有缺页、倒页、脱页者，本社发行部负责调换）

序

　　贫困是人类社会的顽疾，摆脱贫困，是实现中华民族伟大复兴中国梦的重要内容。自党的十八大以来，在以习近平同志为核心的党中央坚强领导下，一场人类历史上规模最大、力度最强的脱贫攻坚战在中华大地全面打响，创造了中国减贫史上最好的成绩，谱写了功在当代、利在千秋的辉煌篇章。在迎来中国共产党成立一百周年的重要时刻，中国脱贫攻坚战取得了全面胜利。

　　脱贫攻坚就是动员令。多年来，中国工程院党组坚决贯彻党中央关于打赢脱贫攻坚战的决策部署，充分发挥院士群体跨行业、跨领域、多学科的智力优势，积极探索科技扶贫新模式。先后组织百余人次的院士和数以百计的专家，因地制宜、精准施策，运用科技的力量推动定点帮扶的云南省曲靖市会泽县和普洱市澜沧拉祜族自治县两个深度贫困县，从扶贫前40%以上贫困发生率到如期实现脱贫摘帽。

　　脱贫攻坚就是冲锋令。中国工程院各领域、各战线的广大院士自觉深入扶贫一线，以助学、助工、助农、助医等各种方式主动在全国各地开展科技帮扶工作，覆盖了机械、信息、化工、能源、环境、土木、农业、医药等多个领域，共计120余人在29个省（自治区、直辖市）180余个市（县）开展扶贫实践，发扬钉钉子精神，敢于啃硬骨头，推动贫困地区改变面貌、焕发生机，取得实实在在的扶贫成效。

从革命老区到民族地区，从腹地山区到边陲高原，遍布大江南北，跨越祖国东西，哪里有需要哪里就有院士们的足迹，哪里有困难哪里就有院士们的身影。他们把论文写在祖国大地上，把创新成果应用到脱贫攻坚实践中，积极践行"绿水青山就是金山银山"，书写了科技支撑脱贫攻坚的新篇章，生动诠释了科技报国、无私奉献、不懈奋斗的新时代科学家精神。涌现出以"农民院士"朱有勇、"木耳院士"李玉为代表的一批院士扶贫典型，赢得社会的广泛赞誉。

　　扬帆起航正当时，砥砺前行铸辉煌。中国工程院党组将持续贯彻落实党中央决策部署，大力弘扬脱贫攻坚精神，动员组织更多院士专家强化科技支撑作用，为实现巩固拓展脱贫攻坚成果同乡村振兴有效衔接作出更多、更大的贡献，为实现中华民族伟大复兴的中国梦贡献新的力量。

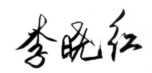

中国工程院党组书记、院长

2021年7月

目 录

说明：本书部分图片由院士本人及团队提供

邓秀新院士正在查看果树的生长情况

邓秀新院士：
谱写21世纪的新《橘颂》

2000多年前，战国时期的楚国诗人屈原写了一首《橘颂》，用橘树的品质来彰显自己的志向。如今，人称"柑橘院士""新橘翁"的中国工程院院士邓秀新，用自己扎根基层的扶贫经历，为这首诗所传递的精神赋予了新的内涵。作为新中国第一位果树学博士，他将柑橘基础研究的前沿成果，应用于贫困地区柑橘产业的发展，将科研成果写在了祖国的大地上。

带着"为农民做实事"的想法
抵达了柑橘研究的前沿

柑橘是世界第一大水果。在中国，柑橘有4000多年的栽培历史，也是中

邓秀新院士指导果农技术

国南方第一大水果。更重要的是，柑橘往往生长在山区和贫困地区，因此如果能得到现代农业技术的支持，便有可能成为当地扶贫的主导产业。

邓秀新的工作，便是把中国的这种自然资源禀赋，转化为脱贫致富的"香饽饽"。这项事业，几乎贯穿了他成年之后的人生。因为他来自湖南省郴州市宜章县的一个小山村，是一位农民的儿子。山村的苦难生活，给年少的他留下了深刻印象，使他产生了"将来一定要为农民做点实事"的想法。20岁那年，他从湖南农业大学园艺系果树学专业毕业，考取了华中农业大学的研究生，师从中国柑橘研究专家章文才先生。

从此，邓秀新走上了探索柑橘世界的道路。他从细胞工程技术突破，培育了中国优质、多抗、丰产的柑橘品种。在攻读博士期间，他首次在国内创建了从原生质体培养到再生植株的全套体系，使中国成为世界上第三个获得柑橘原生质体再生植株的国家。在赴美国合作研究期间，他又独立完成了20余个柑橘属间和种间融合的研究，其中柑橘属与金柑属融合的体细胞杂种为世界首创；他还利用业余时间完成了三倍体胚乳愈伤组织再生成植株，并植入大田研究，解决了当时世界柑橘领域的重大难题。

待到1993年第二次从海外访学归来，邓秀新便利用自己在细胞工程上的卓越技术，与国内的同行一道，踏上了对中国柑橘产业进行升级的征程。从柑橘育种和改进栽培技术这样的微观领域，到规划中国柑橘产业发展和分析国际柑橘市场变化趋势这样的宏观课题，他都取得了令人瞩目的成绩。

一生研究柑橘的邓秀新，对发展柑橘产业有一项基本的观点，那就是遵循"顺境出产量，逆境促品质"的策略。

南国广种"脱贫树" 全面规划柑橘产业

带着这样的想法，邓秀新先后牵头制订了国家《柑橘优势区域发展规划》《柑橘种业"十三五"规划》等，提出构建一条从东向西分布的"赣南—湘南—桂北"甜橙产业带，并优化三峡库区的晚熟柑橘品种布局。经过10余年的建设，如今中国的柑橘产业，已经从长江中上游柑橘带，拓展至浙闽粤柑橘带、赣南湘南桂北柑橘带、鄂西湘西柑橘带、云南滇西柑橘带，形成了赣南脐橙、岭南晚熟宽皮橘、南丰蜜橘、云南特早熟柑橘、丹江口库区柑橘，以及四川、云南柠檬等主要柑橘优势产区。

2009年以来，邓秀新每年都会执笔编写《全国柑橘产量预测和销售形势分析报告》。这是因为，现代农业并不仅仅是运用先进的科学技术进行作物生产，还要分析市场和价格走势等经济学要素。他进行这项研究的目的，就是要为国家及地方掌握产业形势，以及据此设计销售措施，提供真实准确的预报资料。这可以指导柑橘产区把握市场趋势，确保供需双方掌握的信息对称。得益于他的工作，在革命老区赣南，以脐橙为代表的柑橘产业近年来价格稳中有增，优质商品果率提高了50%以上，产业效益增加了约80%，农民收入"芝麻开花节节高"。

其实，邓秀新与赣南脐橙产业的缘分，早在20世纪末就开始了。1999年，赣南发生了百年一遇的霜冻。冻害出现后，一些地方的脐橙树被冻死或者冻伤。当时，水果产业虽然已经是赣南的主导产业，但具体到哪一类水果占主导地位，还处于比较模糊的状态。一些农民对继续种脐橙失去了信心，便借着自然灾害使果园损失惨重的由头"转换赛道"，种植柰（nài）李等看上去市场反响较为火爆的水果。当年的春节假期还没过完，有的县就出现了挖掉脐橙树，准备腾园种植其他果树的现象。而从全球柑橘产业来看，随着中国即将加入WTO，拥有发达脐橙产业的美国随时可以倾销脐橙，压垮中国的柑橘产业。

这时，邓秀新带领团队仔细分析情况，并迅速到江西省赣州市及其下属的主要种植脐橙的县了解情况。他与政府、技术部门和果农大户保持热线联系，为赣州市的县以上领导开办关于脐橙产业发展的技术培训班。邓秀新不断地传播他基于多年科学研究得出的结论：赣南地区是中国国内少有的适宜发展优质脐橙的地区之一。这意味着脐橙产业的形成和发展，将会拉动整个赣南经济的快速发展，将当地的"穷帽子"摘掉。因此，赣南需要顶住压力，坚持选择脐橙作为主要种植的水果。

事实证明了邓秀新的判断。大约从2002年起，赣南发展脐橙产业的经济效益便显现出来。

邓秀新院士在技术培训班上给农民讲课

现在，赣南已经成为中国优质脐橙的重要基地，产品品质卓越，主要供给北京、上海等特大城市。这里的脐橙也成为供应我国香港和澳门两个特别行政区，以及出口东南亚市场的主力军，有效抵御了美国脐橙对中国柑橘产业的冲击。当地农民因为种植柑橘类水果成为百万富翁的不在少数，从果园获得的收入，远远超过在工厂打工或是做大货车司机的收入。

邓秀新以切身体会谈起当地百姓生活的变化："前几年去赣南给农民讲课，很多人骑自行车来听课；后来，他们骑摩托车来听课；而现在，很多人开着小汽车来听课。因为种植脐橙等柑橘类水果致富，很多果农得以拥有轿车或者皮卡。"

在曾经的中央苏区核心地带——赣州市的寻乌县，超过60万亩宜果山地资源因为柑橘产业而被"激活"，也为农民们打开了致富的大门。同样的故事，在赣南这片拥有深厚"红色历史"的革命老区并不鲜见。富裕起来的农民们，也主动帮助尚未致富的乡亲，一起铺就共同富裕的道路。

从引进新品种到直播带货
努力让产销一线保持活力

与此同时，邓秀新精心组建团队，为扩大柑橘产业扶贫效能注入强大科技因子。团队建立起细胞融合转移雄性不育胞质的技术体系，将育种周期由至少20年缩短至5~8年，培育出国际首例细胞工程新品种"华柚2号"；选育"早红"脐橙等新品种12个，引进并筛选"伦晚"脐橙等品种5个。目前，"华柑2号"和"纽荷尔脐橙"等已成为全国主栽品种，"早红"和"伦晚"脐橙成为三峡库区主推品种，新品种累计推广300余万亩，约占中国同期新增柑橘面积的1/4，助推中国柑橘良种率由20世纪末的不到50%提高到90%左右。这些新品种的推广，既有效地帮助农民脱贫，也对三峡库区和湖北清江流域、丹江口库区等地的生态环境起到了重要保护作用，实现了经济社会可持续发展。邓秀新的这些工作，把柑橘树变成了老百姓实实在在的"脱贫树"。

在推广柑橘技术的过程中，邓秀新认为，科技推广必须要讲经济效益，能够让农民增收的技术，才是真正的好技术。他说："我们要从当地生产要素

邓秀新院士在果园与果农进行交流

中找到特殊性或唯一性，把资源优势转化成产品优势。"

　　带着这样的想法，邓秀新因地制宜，在三峡库区提出"早熟上山去、晚熟下山来、中熟摆山腰"的品种布局思路，带领省市县脐橙专业技术团队示范推广优势优质品种和先进适用技术。一次，邓秀新和其他专家到三峡库区做试验回来，吉普车转弯时失控，前面两个车轮已飞出道路悬在空中，得益于路边的一棵松树卡住，车才没有翻下去。回来后，他跟同事风趣地说："我们跟三峡库区有缘，上天安排我们继续为柑橘做点事。"

　　近年来，邓秀新先后研发推广了"留树保鲜""覆膜增糖""交替结果"等一批先进适用技术，仅栽培技术一项，就帮助农民增收30%以上。目前，在屈原的故乡，以脐橙著名的湖北省宜昌市秭归县，已经形成全国少有的"春有伦晚脐橙、夏有夏橙、秋有早红脐橙、冬有纽荷尔脐橙，一年四季有鲜橙"，以及"一树脐橙红到春"的产业景象。2019年，秭归县实现鲜果销售逾40万吨，产值突破20亿元，农民人均纯收入超过1.2万元，脐橙成为秭归县名副其实的脱贫"黄金果"。不仅如此，在地理条件十分艰苦的西陵峡畔，邓秀新提供的技术，还创造出秭归县的邓家坡村、彭家坡村等脐橙专业亿元村的奇迹，打造了三峡库区柑橘产业脱贫致富的样板。看到发展脐橙产业的好处，湖北省宜昌市的秭归县、长阳土家族自治县等三峡库区县和武陵山区贫困县，如今都已将柑橘作为脱贫攻坚支柱产业。当地已经形成了"镇镇有柑橘、村村有果农"的产业格局，惠及贫困人口50余万。

2020年春，新冠肺炎疫情导致秭归县等地的脐橙滞销。为帮助果农解决滞销问题，邓秀新走进直播间，做起了秭归脐橙的"带货主播"。他从种植过程、口感、食用价值，到与脐橙乃至柑橘类水果有关的科普知识，如数家珍地向网友们进行介绍。一场直播之后，6万斤脐橙很快售罄。

此外，邓秀新十分注重贫困地区本土科技人才的培育。他认为，产业成熟起来后，长效机制要靠本地化的人才队伍；相比于传播技术本身，科技扶贫的工作更为重要的内容，是培养一批"二传手"。他曾回忆说，1990年，当他第一次来到赣南老区，讲授柑橘栽培技术的时候，课堂设在了四面透风的礼堂里。很多农民挤不进来，只能趴在窗户上听课，这种对致富的渴望使他至今难以忘怀。

来自江西省赣州市安远县的贫困户欧阳宝成，就是当年的学员之一。30年间，在邓秀新的反复指导下，欧阳宝成不断学习和实践，如今已经种植了2000余株脐橙，使家庭年收入超过20万元，从贫困户变成了小康户。不仅如此，他还成为"安远县果业本土专家"，被聘为"村级果技员"。今天的欧阳宝成"学生变老师"，指导和带动家乡800多户果农一起发展脐橙，赢得贫困果农一片称赞。

从1990年至今，邓秀新带领团队累计培训特色产业人才、专业合作社带头人、种植户20余万人次，涌现了以欧阳海华为代表的一批脱贫致富带头人，以张生才、谭勇为代表的一批扎根基层的"土专家"。这些致富带头人、"土专家"通过帮技术、帮管理、帮投入，与贫困户一对一结成"脱贫致富共

邓秀新院士查看果树生长情况

同体",形成了"培养一批能人、带动一方发展"的局面。

不断研发和储备新品种
确保创富拥有不竭的动力

邓秀新认为,柑橘产业要真正成为富民产业,就要打造和培育一批龙头企业,发挥龙头企业的引领作用,通过龙头企业带动专业合作社,以专业合作社发展带动贫困人口增收脱贫。基于这样的观点,邓秀新带领团队,为全国80%以上的柑橘企业提供智力支持与技术服务,与江西杨氏、江西橙皇、江西绿萌、云南褚橙、广东碧桂园等20余家产业龙头企业和110余家专业合作社开展深度合作,引领和带动产业升级发展。

柑橘是湖北省宜昌市农业的第一大支柱产业。但十多年前,柑橘产业发展分散,市场竞争力弱,"大而不强"。在邓秀新及其团队的扶持下,当地成

邓秀新院士在赣州脐橙篱壁式栽培模式试验园

立了宜昌市晓曦红柑橘专业合作社，制订了发展规模化、全程机械化、种管专业化、技术标准化、销售品牌化"五化一体"的发展思路。十余年来，合作社成员从24人增至1525户，资产总额从2万元增至8000余万元，年总收入从480万元增至1.65亿元，累计带动和帮扶宜昌市秭归、长阳、远安、五峰等地2315户贫困户脱贫，"晓曦红"商标成为"中国驰名商标"。

为了应对中国加入世贸组织后，柑橘特别是脐橙面临外来产品冲击的问题，实现中国高产优质柑橘出口到世界各地，邓秀新提出建立中国自己的优质柑橘基地，积极发挥优质柑橘基地对地方扶贫的巨大辐射"引擎"作用。20余年来，他主持建设了综合试验站28个，这些试验站被果农亲切地称为"绿色银行"。

在江西省，赣州市已经成为世界上极大的脐橙基地，种植面积达200余万亩，年产量150余万吨，产品远销30多个国家和地区，被誉为"世界橙乡"。"赣南脐橙"也成为农产品知名品牌。2019年年底，赣州市贫困人口从2013

年年底的115.03万人减至2.82万人,贫困发生率降至0.37%。邓秀新每次下乡,随时都会被遇到的果农拉住,像老友一样讨论起柑橘种植遇到的各种新问题:脐橙上有瘢痕,是因为果园遭受了风害,需要在附近特定的位置栽植防风林;果实里出现了从未见过的害虫,则要带回实验室进行研究,探索防治的方案……当地贫困户饱含深情地说:"我们可以不认识县长,但不能不认识邓教授,是他给我们带来了希望。"

如今,在屈原故里秭归、在革命老区赣南、在老少边区广西和云南,柑橘树连片成林,可谓"一树柑橘富全年"。邓秀新这位"双脚沾满泥土,吸取大地力量"的"柑橘院士",无论走到哪儿,总是随身带着三件"宝":数码相机、笔记本电脑、能够自动测量经纬度和海拔的GPS仪器。这些设备可以让他随时记录果农反馈的异常现象,或是柑橘品种的不足,留下能够严格匹配的文字、图像资料和地理信息数据。然后,他就能从这些发现中,寻找下一个需要攻关的课题。

"柑橘院士"的探索还在继续。他带领着团队师生,行走在青山绿水之间,继续谱写着新时代脱贫攻坚的《橘颂》新篇。

朱有勇院士拿着"比脸还大"的新鲜土豆

朱有勇院士：
带土豆进大会堂的"农民院士"

云南省普洱市澜沧拉祜族自治县位于中国西南边陲，是"著名"的深度贫困县，也是云南省决战脱贫攻坚的主战场之一。为了改变这里的贫困面貌，中国工程院院士朱有勇带领团队扎根基层，推广新品种作物和适合当地的农业技术。这位将土豆带进人民大会堂的"农民院士"，运用现代科技的力量，唤起了久受贫困之苦的人们致富的希望。

"我年轻，我来干"
不会拉祜语的他走进了拉祜族人心里

2015年，精准扶贫的战役正在中国大地拉开。朱有勇所在的中国工程院，结对帮扶西南边陲的深度贫困县——云南省普洱市澜沧拉祜族自治县。

俯瞰澜沧拉祜族自治县

这里的贫困人口有16.67万，贫困发生率高达41%，扶贫任务艰巨，是云南决战脱贫攻坚的主战场之一。在中国工程院召开的专题会上，刚满60岁的朱有勇院士面对难关自告奋勇："我年轻，我来干！"

朱有勇和同事们很快来到澜沧拉祜族自治县。然而，行走在该县竹塘乡的多个村寨，贫穷让他感到触目惊心。村里的篱笆房、茅草房四处漏风，一个火塘、几件炊具、一堆玉米和一两头猪就是一户人家的全部家当。这样的情景，让他想起了自己的童年。他的家乡在云南省红河哈尼族彝族自治州个旧市郊的农村，当年经历过的贫穷和饥饿，让他始终抱有通过努力让乡亲们过得更好、让庄稼长得更好的强烈愿望。这样的信念，指引着他成为研究农作物病虫害防治的专家。然而，尽管诸多先进的农业技术已经在全国各地推广，但仍然有很多偏远地区难以享受到现代科技的恩惠，在贫困的泥沼中挣扎。

经过调研，朱有勇发现，澜沧拉祜族自治县生态环境良好，光、热、水、土壤条件优越，这么好的资源禀赋，这里的人们却深陷贫困。比起资源闲置，人们的落后观念更让他震惊。村民们对扶贫并不大领情，在走村入户调研时，很多拉祜族人开口就是一句话："给我点钱吧，给点钱我就脱贫了……"

这样的局面让朱有勇很着急，因为直接给予钱物并非扶贫的长久之计，"等靠要"观念更要不得。他明白，要想让村民相信真能带领他们摆脱贫困，就必须走到他们心里，和他们打成一片。

朱有勇从零起步，开始学习拉祜语，慢慢地掌握了一些日常用语；他也按照拉祜族人的生活方式生活，取得村民们的信任。今天，他仍然会用"挪达，拉祜库马西"（你好，我不会说拉祜语）作为与村民们交流的开场白，拉祜族老乡往往眉眼一笑，回复一句"汉巴库马西"（我不会说汉语），便热情地把他迎进家。

解决了沟通障碍，朱有勇的这场攻坚战才算刚刚开始。他知道，在澜沧拉祜族自治县扶贫的关键，就在于将耕地和森林等资源优势变成经济效益。或者说，要根据当地的资源特点，选定适宜发展的产业。带着这些问题，他走村串寨，研究起田间地头的"脱贫经"。五年如一日，朱有勇带领团队利用专业特长，科学地制订了将资源优势转变为经济优势的发展措施，按下了扶贫的"快进键"。

独具慧眼"激活"闲置资源

朱有勇团队需要解决的第一个问题，就是选出适合在澜沧拉祜族自治县种植的作物。前些年，当地曾大规模推广种植核桃树，竹塘乡就种了7000亩。虽然核桃树长得挺好，但是挂果很少，致富效果并不理想。有企业找上门来，想要引导当地农民们种花椒。但朱有勇左思右想，还是把这家企业劝退了，因为中国的花椒产地并不少，而澜沧拉祜族自治县似乎并没有特别的优势。

通过对气候、土壤、降水等自然条件进行科学分析，朱有勇发现，这里具备发展冬季土豆和冬早蔬菜的优越条件。冬季土豆在11—12月播种，第二年3—4月份收获。在这时，国内能收获新鲜土豆的地方很少，因此澜沧拉祜族自治县可以成为全国最早收获和贩售新鲜土豆的地方，市面上的收购价格也比较高。这种独特的"时间差优势"，可以成为致富的保障。经过计算，朱有勇团队发现，只要农户们利用冬季劳作大约100天，就可以凭借土豆在春季的高售价，获得每亩地大约一万元的收入。

2016年冬天，扶贫队员找到澜沧拉祜族自治县竹塘乡云山村蒿枝坝组的村民刘金宝，动员他种冬季土豆作为试点。

土豆丰收

刘金宝嘴上答应，结果第二天就去地里撒了油菜种子。朱有勇只好找到村组干部，一起在蒿枝坝组的100亩地里搞起了示范种植。2017年春天，示范基地迎来了丰收，最高亩产4.7吨，平均亩产3.3吨。按照每公斤3元的收购价，每亩土豆的收益真的接近一万元。

消息传到刘金宝耳朵里，他决定拿出2亩地种土豆试试。次年开春，他家地里长出了全村的"土豆王"，其足足有5斤重。到了2018年冬天，没等扶贫队员上门，刘金宝就把自家10亩地全部种上了土豆。这一年，澜沧拉祜族自治县的冬季土豆已经推广种植3200多亩。更重要的是，它们利用的是传统意义上的"农闲"时段，原本在冬季闲置的田地，因为土豆的到来，变成了高产田、"脱贫"田。

在此之前，身为全国人大代表的朱有勇，已经将澜沧拉祜族自治县的冬季土豆带到了2018年的"两会"会场。在人民大会堂的"代表通道"，他手里拿着一个硕大的土豆，向中外媒体讲述正在西南边陲发生的科技扶贫故事：普通土豆不过鸭蛋大小，而他指导村民利用"冬闲田"种植的土豆，得益于卓越的自然条件，可以长得比鸵鸟蛋还大，成为农民们致富的有力"助推器"。

扶贫需要先"扶智"
为农民注入科技致富的信念

种植冬季土豆，只是当地致富的一块敲门砖。朱有勇的扶贫策略，就是运用科学的眼光，去"激活"当地长期被闲置的资源。他看中了当地不曾开发利用的人工松林，并着手发展有机"三七"中药材种植。2016年，他首先在竹塘乡试种了5亩三七，成功之后便开始林下三七的大规模推广。到2018年，已经扩展到了7300多亩。根据澜沧拉祜族自治县林业部门调研，全县总共有50余万亩思茅松的松林，其中适宜三七生长的有40余万亩。假以时日，林下三七有望成为当地的又一个支柱产业。

在推介产业的同时，朱有勇也深知"扶贫先扶智"的价值。为了指导农户科学种植，他在全国首创"中国工程院科技扶贫技能实训班"，招收的学员都是农民。2017年4月，在竹塘乡云山村蒿枝坝组挂牌成立的"中国工程院院士专家扶贫工作站"，就如同一座开放给农民的"田间学校"。在朱有勇团队的带领下，乡亲们一边种田一边学技术，一边树立了科技致富的观念。

朱有勇院士带领学生们做实验

"手把手领着老乡干，实实在在做给老乡看。"在培训班里，朱有勇是这么说的，更是这么做的。他邀请院士专家直接给农民授课，不仅讲通俗易懂的理论原理，而且在田间地头指导实践操作，直到他们学懂学会。从冬季土豆、林下三七，到冬季蔬菜、茶叶种植、猪牛养殖……朱有勇带领团队前后共开设24个技能班，培养了1445名乡土人才。在这些接受培训的学员中，90%已经脱贫，50%带动了亲戚朋友脱贫，还有一部分学员甚至带动了整个寨子脱贫。

走进澜沧拉祜族自治县酒井乡坡头老寨村民马正发家，参加培训班获奖的一块奖牌挂在他的家门口，见证着他2017年参加了冬季土豆培训班的学习成果。当时，培训班的"结业作业"是种一亩土豆。临近结业，土豆收获了，马正发通知全寨的人去现场观摩他的"考试成绩"。他不仅种出了当年班上最大的土豆，这一亩土豆还卖了7000多元。马正发因此顺利结业，还获得了朱有勇亲手颁发的5000元奖金和奖牌。看到马正发学到新技术之后，种出的土豆又大、又好吃，还卖得上钱，2018年冬，坡头老寨小组的32户村民，全都种上了冬季土豆，其中包括16户建档立卡的贫困户。靠着冬季土豆创造的收益，整个村寨成功脱贫。

2019年，朱有勇将电商的内容也加入培训项目之中。11月11日，他开设了第一个电商班，教授农民自己开网店，把大山中的优质农产品直接卖到消费者手中。他还设想引进区块链技术，解决中药材的全流程追溯问题。这是因为，澜沧拉祜族自治县有多种林下药材都可以做成大产业，除了已经取得成功而且前景广阔的林下三七，还有重楼、黄精、石斛等市场需求旺盛的药材。他希望以科学的方法利用深山老林的环境种植优质的药材，为中医药发展作贡献。

对崇高信仰的坚守
让他在深度贫困县创造奇迹

在老共产党员朱有勇看来，他为扶贫所做的一切，都是在践行自己的入党誓言。崇高的信仰让他不忘初心，在一次次人生选择中，始终把祖国人民的福祉放在首位。所以，他可以在1996年带着分子植物病理学的研究成果，从澳大利亚悉尼大学回到家乡，在云南农业大学开展国家需要的农学研究。2011年，刚刚当选为中国工程院院士的他又向党组织提出，辞去云南农业大学校长的职务，以便专心从事科研。最终，他带着新技术深入基层，用科技的力量战胜了贫困，真正做到了"将论文写在祖国的大地上"。

心存百姓的人，百姓心中就存着他。每到临近春节，村民家里吃"杀猪饭"，都会排着队邀请朱有勇入席。在他最开始进行冬季土豆种植试点的澜沧拉祜族自治县蒿枝坝，村民们都喜欢唱朱有勇改编的山歌《蒿枝坝的花儿开了》："澜沧江边蒿枝坝，林下药材满山崖，生态有机三七花，人人见了人人夸……"

在科技扶贫的助推下，澜沧拉祜族自治县完成了从昔日深度贫困的"直过民族区"，到今日"科技扶贫示范县"的跨越。但在朱有勇看来，这样的成就并非他的功劳，而是由当地平凡的普通劳动者所创造。他说："脱贫攻坚带给乡村翻天覆地的变化，各级干部群众才是真正的脱贫主力军。我是一个教书匠，更准确地说，我就是一个会种庄稼的农民。我有幸参与了这项工作，做了自己应该做的事情。"

朱有勇院士在实验室

现在，朱有勇还有一个特别的愿望：如果有一天能卸去扶贫的重担，他就要写作一部小说，来记述自己和身边的人们在对抗贫困中历练成长的故事。他甚至已为这本书想好了书名——《蒿枝坝的花儿红了》。因为，运用科学脱贫致富的信念，已经如同蒿枝坝村周围开着红花的三角梅，在人们心中深深扎根。

OCC2018东方公益启动仪式
三届沪滇心血管内科新进展培训班
开班仪式

2018年
OCC2018东方公益启动仪
届沪滇心血管内科新进展均
开班仪式

Open Creative

陈灏珠院士欢迎新一届
云南培训班学员到来

陈灏珠院士：
发展医学专项基金，
对冲"因病返贫"

心脏疾病关系着人的生存，但相关的医疗资源分布并不均衡。为了使贫困地区的居民也能享受到高品质的心血管病医疗服务，中国当代心脏病学主要奠基人之一——陈灏珠院士，立志一生为祖国医学事业发展而努力，始终兢兢业业地培养医学人才，他发展了医学专项基金，服务于培训基层医生和资助危重病患者等事业。他的健康扶贫善举和科技创新医疗扶贫的探索，为许许多多素昧平生的人，送去了生的希望。

着眼西部医学人才培养
希望大家回到基层后能尽力地救人

2020年12月7日上午，"学习陈灏珠院士精神交流会暨陈灏珠院士纪念展开幕仪式"在复旦大学附属中山医院举行。纪念展上出现的一个磁化杯朴素到让人震惊，它的杯身已被岁月刻上了斑驳裂纹，杯子的主人为了保护它，用皮筋一层层地缠起来，杯盖下和杯底处都缠着黑色的皮筋。原来，这是陈灏珠院士用了20多年的随身水杯，一直使用到去世前。

这个特殊的磁化杯，正是陈院士高洁人生的写照。他在生活上十分简朴，却对学生和患者慷慨支持，不仅捐资助学，更致力于医疗扶贫。作为著名的心血管病专家，陈灏珠是名医，更是良师。他一生兢兢业业，培养了大批医学人才，有力地推动了中国心血管病医学事业的发展。

心血管疾病关系到人的生存质量，但这个领域的医疗资源分布并不均衡。很多贫困地区的居民求医无门，延误治疗，甚至因为治疗而背上沉重的经济负担。

这样的现象陈灏珠早已看在眼里，急在心里。作为中国当代心脏病学主要奠基人之一，著名心血管病专家和医学教育家，他也是首位当选中国工程院院士的心血管病内科专家。为了进一步促进医学人才培养，2007年，他将平时积累所得倾囊捐赠，与夫人韩慧华、女儿陈芸一起，用总共100万元捐资设立了"复旦大学陈灏珠院士医学奖助学金"。带着精准健康扶贫的宏愿，陈灏珠与他的团队在2015年11月用这笔经费启动了"生命之花"项目，致力于支持西部地区的医学人才培养，并改善西部地区相关医疗技术、设备及环境，也用以帮助当地贫困家庭开展相关医疗救助。

2016年6月，第一届"沪滇心血管内科新进展培训班"在复旦大学附属中山医院开办。在为期两周的培训中，陈灏珠与他的弟子——中国科学院院士葛均波一起，带领20余位上海市心血管病研究所的教授专家，组成了师资团队。他们从心血管内科理论知识、临床应用及实践，到新进展及前沿课题、病房及手术室观摩等方面，为云南省50名基层医务人员，呈现了25堂内容夯实、精彩纷呈的课程。

2007年，复旦大学陈灏珠院士医学奖助学金捐赠仪式

2016年，由陈灏珠院士医学发展基金举办的第一届"沪滇心血管内科新进展培训班"

陈灏珠亲自为学员们授课、带领他们查房，一站就是两三个小时。其他专家也常常是利用手术间歇的时间，进行授课。这次培训不仅提升了学员们的医术水平，也为他们注入了运用医术为家乡人民造福的信念。

从2016年开始，培训班已经成功举办了四届。来自云南的近200位基层内科医生，凭借全额资助顺利完成了培训工作。如今，培训班的学员已经遍布云南省的每一个县。两周学习时间虽然短暂，却使基层医生们收获颇丰。

2019年培训班结业典礼前夕，已经95岁高龄的陈灏珠因为腰椎间盘狭窄压迫神经，导致腰腿异常疼痛。但他坚持在家人的帮助下来到现场，为所有学生颁发结业证书，并语重心长地说："我是有诺必践，也希望大家回到基层后，能尽心尽力地救助患者。"也正是在这一年年底，培训项目扩展到了江西革命老区。在首届"沪赣心血管内科新进展培训班"上，有来自江西省47家基层医院的50名学员接受了培训。

"加强版"培训班全面授业
他将目光投向了更多贫困地区

陈灏珠发现,除了学习培训,学员们也希望有动手实践的机会,能把精湛的心导管技术(一种新型诊断与治疗心血管疾病技术,在影像学方法的引导下,经过穿刺体表血管并将导管送到心脏病变部位)带回家乡。

此时,设立十周年的"复旦大学陈灏珠院士医学奖助学金",已经随着基金宗旨的不断深化,以及在医疗扶贫领域的拓展,更名为"复旦大学陈灏珠院士医学发展基金"。根据学员们的反馈,陈灏珠与基金管理团队提出了"先学、后教、再做"的六字方针,决定从2017年起开设为期六个月的"沪滇心血管介入诊疗规范化带教进修班",并选拔优秀学员免费参加。

首批18位学员分成六组手术团队,每组均包括医生、技师、护士三人。导师团队为他们量身定制了六个月的"一对一"带教计划,制订每个月的完成目标,并定期考核检查。

有学员事后回忆说:"在进修学习过程中,我们每天跟着导师在心脏介入中心学习,从心导管手术的'门外汉',到现在能掌握心血管介入规范的操作流程,熟练操作冠状动脉造影术,能操作冠状动脉病变PCI术和先天性心脏病介入封堵术,对冠状动脉分叉病变、主干病变、钙化病变、CTO等复杂病变的介入诊疗技术有所熟悉和了解,学习了心脏起搏器植入术、冠脉旋磨术等操作流程、识图判断及下一步处理。带教老师手把手地教我们了解每台手术的配合过程、操作要点和术中注意事项,为我们回到家乡医院顺利配合开展手术打下了坚实的基础,使我们受益匪浅!"

中国科学院院士、中山医院院长樊嘉教授和中国科学院院士、中山医院心内科主任葛均波教授远程指导公益手术

此后,在2018年和2019年,分别又有五组和四组团队来到上海市参加培训。这些团队来自云南省昭通市、西双版纳傣族自治州、曲靖市,以及大理白族自治州永平县、祥

云县等地的基层医院，学员年龄跨度从"90后"年轻护士，到从医20多年的主治医师。在半年的时间里，他们亲身参与了抢救、手术等各个与心血管疾病有关的医疗环节，水平得到了显著提高。他们还与上海市的导师建立了微信群，以便能够及时咨询专家，第一时间远程获得更好的救治方案。

2019年，陈灏珠将目光投向了更多需要帮助的贫困地区。他说："我希望我们的医疗培训项目能像人体的心脏一样，把带着氧气的血液输送到人体的各个角落，（在全国各地）形成一个'贫有所医、医有所长'的正循环。"

健康扶贫事业
不仅仅是办个培训班

陈灏珠年轻时就参加过在贫困山区开展的巡回医疗。他深知，健康扶贫的事业不仅仅是办个培训班这么简单；相反，这只是医学发展基金参与医疗扶贫的开始。在全国各地特别是经济落后地区，还有很多因病返贫或是因病致贫的群众。因为资金和当地医疗水平的双重困难，他们有可能无力就医，甚至没有机会得到诊治。

为了真正达到"小病不出乡、大病不出县"的医疗发展目标，陈灏珠带领基金团队，积极筹措创建了"福平"医疗救助基金，致力于为罹患重大疾病的贫困户提供更多的医疗救助，帮助贫困群众"看得上病、看得起病、看得好病"。为了完成导师的宏愿，葛均波将政府给他的300万元奖励金全数捐赠，作为首笔启动资金。2017年，依托复旦大学附属中山医院，首个救助项目"心·肝宝贝"计划启动。

2017年8月，在"福平"基金的资助下，云南省永平县的6岁先天性心脏病患儿杨康琳丹和48岁的严重肝硬化患者王明学，来到复旦大学附属中山医院，由葛均波和樊嘉亲自主

贫困先天性心脏病患儿琳丹恢复后与陈灏珠院士合影

2019年，中山医院心研所团队赴云南省第一人民医院进行公益手术

刀，分别完成了心脏及肝脏手术。

以此为起点，"心·肝宝贝"计划逐年扩大在云南的救助人数，除了将重症病患接到上海市进行救治，还组成手术团队赴当地进行诊疗教学。2018年9月，中山医院专家团队分别奔赴云南省昆明市和大理白族自治州，带领当地医生一起进行手术，同时由樊嘉、葛均波两位院士坐镇"后方"，在医院远程会诊中心亲自指导手术的进行。这样的手术方式在救助患者的同时，也为当地医生起到了示范、带教作用。2019年，院士团队再赴云南开展手术带教，并把"全生命周期"护理理念传播给当地医务人员。2020年，基金进一步扩大资助范围，帮助三名西藏自治区的藏族贫困儿童飞赴上海市接受诊断和手术。

在这一切的背后，陈灏珠院士始终默默地关注并支持着项目的进展情况。他说："我们想为西部贫困地区贫困患者做些事情，一方面能为他们提供优质的医疗救助，另一方面为他们解决后顾之忧。"在项目启动后的四年时间里，"心·肝宝贝"计划已经成功救助了来自西部贫困家庭的46位先天性心脏病患儿和14位肝脏疾病患者，使"生命之花"生生不息，永远绽放。

2020年10月30日，96岁高龄的陈灏珠谢世。这位杰出的医者在离开临

部分受助贫困先天性心脏病患儿与院士团队合影

床一线后，便将大部分的精力放在医疗健康扶贫工作中，始终牢记扶贫初心，坚守使命与责任，用医者仁心的大爱惠及千千万万的医学生、医务工作者与患者。他留下的精准医疗扶贫模式的工作经验，是中国医学界的宝贵财富。

陈剑平院士：
为扶贫打造"农业综合体"

陈建平院士（前排中）在乡村考察

在中国，农民离乡外出打工，曾被认为是比种农作物收入更高的选择。但大批青壮年农民长期与子女分离，也带来了严重的"留守儿童"问题。这些儿童有可能无法得到良好的教育，最终导致贫穷的"代际传承"。为了终结这个"怪圈"，植物病毒学家陈剑平院士开始了自己独特的扶贫事业。他提出"农业综合体"的全新概念，以期振兴正在衰落的乡村，也使贫困地区的农民不必为养家而承受骨肉分离之苦。

扶贫路从山核桃开始

虽然时间已经过去了好几年，但中国工程院院士陈剑平仍然很难忘记自己和一个农村小女孩的对话。2012年的一天，他到浙江省杭州市淳安县扶

陈剑平院士在田间地头进行指导

贫。在那里，他问一个当时只有7岁的小姑娘："你最想要的是什么？"小姑娘头也不抬地回答说："山核桃成熟。"陈剑平又问："你喜欢吃山核桃？"小姑娘说："我才不要吃，因为山核桃成熟时，我爸妈就可以回家了。"原来，小姑娘的父母常年在外省打工，每年只有山核桃成熟时，才会请假回家打山核桃。因此，她格外珍惜和期待这段能和父母短暂相处的时光。

小姑娘的话让陈剑平很震撼。即使在省会的远郊区，也还居住着如此贫困的家庭，以至于父母为了养家，不得不让子女承受分离的痛苦。那么，在中国的贫困地区，这样的家庭又有多少呢？按照政府部门的统计数据，全国大约有3.7亿农民在外打工，6000万名留守儿童在家思念父母，得不到应有的关爱和照顾。他认为，作为科技工作者，应该为留守儿童们做些什么。

在投身扶贫之前，陈剑平早已是国际知名的植物病毒学专家。20世纪80年代末，他在英国洛桑农业实验站做访问学者的时候，首次在禾谷多黏菌体内发现了大麦和性花叶病毒，揭示真菌传播植物病毒的直接证据，成为这个领域30年来的重大突破之一。当时，他为了在直径只有5微米的真菌孢子中找到病毒，需要把真菌孢子切成厚度只有50纳米的超薄切片，以便放到电子显微镜下观察。他在九个月的时间里，没日没夜地制作了一万多个切片，终于得到了确凿的证据，但他的视力也因此从1.5迅速下滑，戴上了300度的近视眼镜。

回国之后，陈剑平决心一生只做好一件事，那就是让自己的工作从"I"到"T"。在英语中，"I"代表"我"，"T"则是"Team"（团队）的开头。回国之后，他在植物病毒研究领域不断有新发现。他揭示了五种重要稻麦病毒的发生规律和发病机理，还研发出一大批先进的检测技术，将大量外来入侵植物病原挡在国门之外。不仅如此，在做好自己科研工作的同时，他也努力把团队带好，培养出了50余名博士、硕士。但在2012年那次扶贫之后，小姑娘的话开始让他思考一个全新的、更为深刻的问题，那就是解决中国农村发展的短板——只有这样，才能最终消除贫困。

精心设计"农业综合体"
打造区域现代农业发展新载体

经过几年的潜心研究，陈剑平提出了打造"农业综合体"的战略思想。这是一种区域现代农业发展的新载体，一套现代农业的产业体系。在农业综合体中，集成了多元产业融合和多功能拓展、多种经营主体和职业农民培育、科技支撑与引领、农产品与生态环境质量安全管控、互联网+流通、公共服务和多重投资融资等诸多系统，组成解决"三农"问题的"组合拳"。它以现代农业为基础，新型农民为主体，生态文明为核心，农村社区为中心，从资源聚集、产业融合、机制创新等方面，进行综合性变革、复合性提升，发展综合产业体系、现代经营体系、民生发展体系和管理服务体系，发挥市场、科技、资本和政策集成优势，实现农村新产业、新农民、新环境、新家园和新变化。这幅新时代农村的图景，与2017年中央一号文件提出的"田园综合体"概念一脉相承。

单纯的理论并不能直接解决贫困问题。2018年，陈剑平开始负责中国

陈剑平院士在贫困户家中调研

工程院在云南省曲靖市会泽县的科技扶贫项目，这给了他实践理论的舞台。2018年5月，他带领团队第一次深入会泽县调研，在大海乡的大海草山（乌蒙山系的亚高山草甸区）等地，他在贫困户家中，深刻地感受到了"贫中之贫、困中之困"。在会泽县种植基地、电商合作社和移民社区等地，他意识到贫困户脱贫、贫困村"出列"、贫困县"摘帽"都是艰巨的任务。深度贫困带给他头脑的冲击，使他下决心要终结这里的人们所遭受的苦难。

带着帮助当地人脱贫的决心，陈剑平带领团队到浙江省宁波市奉化区的滕头村、浙江省余姚市的横坎头村、浙江省湖州市安吉县的鲁家村，以及北京小汤山农业科技园等地，学习扶贫工作的成功经验，还对标学习了印度、巴西及欧美发达国家的不同扶贫模式。

在总结各方经验与教训的基础上，陈剑平的团队提出了"满足基本需求""发展极""资源产业倾斜"三种扶贫模式，为会泽县设计了以"打造产品、社会资本、商业模式、专业运营"为特征的精准扶贫发展规划，最终要

陈剑平院士与当地百姓进行交谈

建立起市场前置、科技支撑、轻资产运行、辐射带动的高端农业可持续发展模式，激活"老天爷经济"（自然禀赋）和"老祖宗经济"（文化积淀）蕴含的能量，使它们能够效力于"老百姓经济"（民众脱贫致富）。

根据会泽县的地理和气候特点，陈剑平的团队成功地引入了新品种燕麦，发展起高原特色农业产业。新品种作物很快显现优势，使平均产量由当地老品种的每亩70公斤，提高至300公斤。初试成功后，他的团队开始在全县推广这个燕麦新品种，已经示范种植4万亩，并且计划用3年时间推广15万亩。

不过，鸡蛋不能装在一个篮子里。因此，陈剑平的团队也设计了改进会泽县苹果品质，以及对马铃薯、玉米进行种源改良的计划。团队打算用2～3年时间，完成会泽县金钟街道竹园村5000亩低产苹果园的改良增效工作。他们还参与会泽县核桃产业的提质增效工作，并为核桃深加工产业提供技术服务。这使当地多达百万亩的核桃拥有更长的产业链，价值比起只售卖核桃，有了更多的提升。

在农产品品质和产量都有所提升，乃至得到深度加工之后，陈剑平的团队又开展了农村电商发展与农村"互联网+"的研究和示范，使农产品可以通过网络快速、顺畅地销售，帮助农民获得更多的收益。团队在会泽县宝云街道赵家村和会泽县金钟街道竹园村建立了国资商城，古老、贫困的村庄从此搭上了"e时代"的财富快车。

引入商业模式助扶贫
让乡村能够自己"造血"

相比提供先进的农业技术，甚至直接提供资金进行扶贫的做法，陈剑平认为，扶贫工作的关键在于让乡村能自己"造血"，使脱贫的成果可以保持下去。因此，他牵头整合昆明理工大学、云南农业大学、宁波大学，以及浙江青坤科技有限公司、蓝城农业等，用商业模式推进扶贫的理论研究与具体实践，把乡村振兴和精准扶贫有效协同起来。

今天，陈剑平的团队仍然在努力打造会泽县的下一批特色农产品，以期将产业振兴落在实处。他们也在整合农业科技资源，为产业振兴提供支撑，并积极引入社会资本，为产业振兴提供动力。他们还要创新精准扶贫商业模式，探索产业振兴有效路径，以及培育高技能、高素质的农民队伍，夯实产业振兴的智力基础。

不仅如此，基于对乡村振兴的深刻理解，陈剑平还提出了"运营乡村"的新理念。这项理念的内容，是推动乡村生活再造、生产再造、生态再造、服务再造，使年轻人愿意回到乡村创新创业，从而推动乡村全面振兴。

在自己工作的浙江省，陈剑平积极参与乡村振兴的实践，分析和总结浙江省乡村振兴的经验，以及下一步应该努力的方向。他还与中央电视台新媒体部门合作，邀请著名主持人一起挑选并展示浙江省乡村振兴的优秀案例，作为全国各地农村脱贫致富和振兴产业的参考。

出现在节目中的乡村，各自承载着不同的意义。浙江省宁波市鄞州区东吴镇的童一村，通过乡村改造、"以旧留旧"，在充分保留老街各阶段历史遗

探索创新精准扶贫商业模式

存的基础上统一了风格，让村民和游客"记得住乡愁"；在宁波市奉化区的金峨村，老支书周康健27年如一日带领村民把破旧村落建设成新家园，凸显了乡村带头人的重要性；宁波市宁海县的葛家村选择"用艺术激活乡村"，为村民"赋能"，使村里的每个村民都成为"艺术家"，用自己的双手将家园改造得赏心悦目。

　　陈剑平也通过这套节目，展现了新时代农民的风采。浙江省金华市婺城区蒋堂镇的种粮大户陈建军，会为土地竞拍流拍而懊恼，因为他已经凭借现代农业思维，使传统上"不赚钱"的粮食种植，成为发家致富的法宝，故而急需更多的土地来种粮食；同样是在金华市，"农二代"程伟达凭借现代农民的思维方式分析市场，逐渐成长为苗木行业的引领者；大学毕业的姚春梅进行深入的市场调研之后，申请创业贷款，在宁波市海曙区洞桥镇梁桥村租了110亩土地，种下5000多棵樱桃树、1000多棵杨梅树和近1000棵枇杷树，还开发种植了120亩雷竹园，"重入农门"并获得了丰厚的利润；宁波大学海洋学院的青年教师王欢，则将自己的科研成果应用于生产实践，让家乡河南省开封市兰考县的盐碱地上，爬满了原本产于东海之滨的青蟹，使不宜农作的"废地"成为农民们致富的希望。

陈剑平选择的这些案例，展现出市场这只巨手带给脱贫致富的强大能量。尊重商业规律，勇敢拥抱市场，并以先进的农业技术护航，使乡村拥有不竭的"造血"能力，也令扶贫的努力事半功倍。

现在，陈剑平又开启了一段新的征程。他联手杭州蓝城、绿城集团等企业，按照自己"农业综合体"的理论，在浙江省宁波市奉化区、浙江省杭州市余杭区等地试点建设农镇。他计划用10余年的时间，建成100个"理想农镇"，以此来影响、推动全国成千上万个农镇的建设。陈剑平深情地说："到那时，中国2亿~3亿农民的生产、生活、生计，会有很大程度的改观。"这位以苏轼的诗句"一蓑烟雨任平生"为座右铭的院士，仍然在不懈地为中国现代农业发展和区域农业转型寻找更好的方案。

丛斌院士（前排左二）正在实地考察

丛斌院士：
医疗扶贫传递健康理念

在贫困的乡村，由于医疗条件不佳往往容易引起疾病的传播。相对而言，大城市的居民较容易获得好的医疗服务，也更容易养成健康的观念。作为中国著名的法医和病理学家，丛斌院士将健康扶贫作为自己的事业，努力将先进的医学和健康理念，传递到贫困的乡村。

倡议"康养产业"
成为农村致富的发动机

随着物质条件的改善，越来越多的现代人重视生活的质量，"康养"的概念应运而生。全国人大常委会委员、九三学社中央副主席、中国工程院院

丛斌院士到实地进行深入调研

士丛斌，便是这个跨界概念的积极倡导者之一。他认为，所谓"康养"，并不仅仅是"健康"和"养生"或者"养老"的简单集合，而是在"大健康"的思路之下，融合医疗、保健、旅游、体育、文创等诸多领域，提供维持乃至增强人们身心健康状态的途径。从这个概念延伸出去的"康养产业"，以"康养旅游"为主要的表现形式之一，是指通过养颜健体、营养膳食、修身养性、关爱环境等各种手段，使人在身体、心智和精神上达到自然和谐的、优良状态的旅游服务产品。

　　丛斌多次带队到革命老区、贫困地区深入调研督导脱贫攻坚工作，并充分发挥九三学社人才荟萃、智力密集的优势，在摸底调研的基础上，结合新发展格局，提出了"壮大康养产业，助力脱贫攻坚、推动乡村振兴"的发展思路。这是因为，人们观念的转变，使康养产业正在逐渐成为热点。在很多国家，"康养旅游"是被大力发展的产业，保持身体健康与旅游业融合发展的势头非常强劲，而这样的产业又可以被视为是传统的农村旅游的升级。

　　这一思路对于统筹城乡发展，加快美丽乡村建设，促进农民增收，满足城乡居民旅游文化消费需求和全面建设小康社会，都具有十分重要的意义。为把这一思路变为蓝图，他带领九三学社相关专家到多个省份举办宣讲会、座谈会，解读中央实施乡村振兴战略的政策背景，剖析乡村振兴工作中存在的误区，并向公众阐述发展康养产业对于助力脱贫攻坚、推动乡村振兴的重要意义，指导发展康养产业的具体案例。

　　丛斌院士真正把爱国之志变为报国之实，切实为脱贫攻坚、乡村振兴提供了人才保障和智力支持。

做好"热带法医"
运用科学保障法律威严

　　近年来，中国在对外贸易领域的一件大事，便是在海南省建设囊括全岛的自由贸易试验区和中国特色自由贸易港。2020年6月1日，中共中央、国务院印发了《海南自由贸易港建设总体方案》，标志着这项新政全面铺开。而在同一个月里，丛斌设在海南医学院的海南省院士工作站（热带法医学），也在22日揭牌成立。

　　丛斌选择在这个重要历史时刻设立院士工作站，是对海南省人才培养与科技发展的大力支持。因为，海南地处热带，生物活动规律异于中国大部分地区。一旦发生刑事案件时，热带环境有可能影响获取、保存证据的效果，成为侦破案件的阻碍。丛斌所从事的法医学专业，可以为正在建设的自由贸易港，提供良好的法治环境，保障人们的人身和生命安全。

　　因此，丛斌的院士工作站，便是海南省及热带地区法医学发展

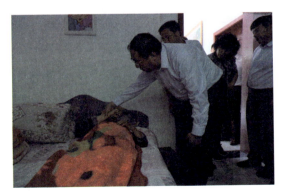

丛斌院士深入当地老百姓家中

丛斌院士正在查看当地情况

的里程碑式事件。他指出，建设海南自贸港，是党和国家的重大决策。法医科学作为社会法治体制建设中重要的内容之一，在海南自贸港的建设中将面临大量新挑战、新课题。热带地区存在大量不同于其他地区的特殊法医学实践难题，严重限制了热带地区法医学服务于司法实践的水平。院士工作站立足海南，创新性地将热带医学与法医学两门学科交叉融合，致力于探索以海南省为代表的热带地区的特殊法医学理论与实践难题，会对海南自由贸易港的建设产生长期和深远的影响。

团队成员扎根基层
进行精准健康扶贫

法医学及其所属的"法庭科学"，是公众安全的保障。但绝大部分人的日常生活，很少会与刑事案件产生交集。相反，获得好的医疗服务来保障健康，才是他们关心的话题。

丛斌团队成员倪志宇教授的工作，便是扎根基层，对需要帮扶的村落进行直接的健康扶贫。他积极响应河北省委及河北医科大学党委"精准脱贫驻村帮扶"的号召，在2016年、2017年连续两年踊跃投身脱贫攻坚，担任河北省保定市阜平县不老台村的第一书记，同时也是河北医科大学驻村工作组的组长。他工作尽职尽责，主动担当，以奋发有为的精神风貌，积极投入各项工作中，得到了当地群众的一致认可和好评。

驻村后，倪志宇立即展开摸底调查，扎实入户走访。他坐炕头、下地头，和老百姓亲切交谈，打成一片，努力在与老百姓一起"摸爬滚打"中找到贫困症结。他也努力当好党的政策的传声筒，通过广播台、宣传册等形式宣传引导，将扶贫政策、老百姓的意愿和规划设计有机结合，努力在工作中体现党的宗旨，让老百姓明白政策，给老百姓脱贫的信心，为精准脱贫整体推进奠定基础。

而后，他积极与县、乡领导，以及专家联系，为不老台村跑政策、找出路。在他的努力下，不老台村建成了300千瓦村级光伏电站一座，老百姓年平均收入大幅提高；打水井两眼，解决了老百姓吃水难的问题。

更重要的是，倪志宇根据当地的资源特点，在村中建设吊挂式木耳示范大棚。种植出来的木耳，被专家鉴定为特级产品。因为他事先已经打通了销售渠道，木耳连续几年供不应求。与此同时，他整合农家院建设，科学规划建设村内景观，助推乡村旅游产品向品牌化转型升级，使老百姓收入显著提高。

随着不老台村逐渐富裕，"美丽乡村"建设也得以扎实推进。村内基础设施得到有效改善，全村农户搬入新居，入住率达到100%。倪志宇还深挖旅游景点的文化内涵，整理制作旅游电视宣传片和宣传画册，切实让散落的历史和文化资源"串"起来、"活"起来，努力把不老台村打造成"看得美、玩得好、留得住"的休闲度假旅游地，并成为河北省的"地质文化村"。"文明进农村"活动也同步推进，不老台村制订了《村民文明公约》，开展垃圾分类治理公益活动，规范村民行为，提升村民文明素质。在倪志宇的全力推广引导下，村民们都积极融入了不老台村的"美丽乡村"建设之中。

"借力"高知群体的知识与经验
成为医疗扶贫的源泉

另外，倪志宇依托高校资源，协调津冀多所大学联手支教，连续两年组织贫困学子赴河北省石家庄市开展夏令营，促成河北师范大学附属实验小学对口援建不老台村小学，努力用教育阻断贫困代际传递。这些工作取得了很好的效果，《中国教育报》2016年、2017年连续两年分三期追踪报道河北医科大学驻不老台村工作组教育扶贫的先进事迹。

不过，倪志宇在不老台村扶贫工作的最大亮点，还是他发挥医学专业优势，大力实施医疗扶贫。在他的努力下，当地构建了"省、县、乡、村"四级联动的医疗扶贫新模式：以河北医科大学二院为上级中心医院，开展由医大二院、阜平医院、乡镇中心卫生院、村卫生室的多级医疗协同服务，实现"基层首诊、双向转诊、急慢分治、上下联动"就医新格局；与此同时，积极协调搭建智慧卫生信息云平台，建立保定市阜平县医疗大数据中心，加强县域内的全员健康管理，为贫困人员建档立卡，形成贫困人员健康医疗大数据；另外，以家庭医生签约、双向转诊、远程会诊、智能物联为桥梁，开展分类救治和专病救治工作，让数据"多跑路"，让群众"少跑腿"，有效地保障了当地群众良好的健康医疗权益。

两年来，倪志宇依托高校资源，组织河北医科大学阜平乡村医师培训班，并取得圆满成功，培训乡村医师30人；组织河北医科大学医疗专家和在校学生多次赴阜平县各个贫困村，进行义诊，送医赠药，受益群众近千人，受到当地干部和群众的一致好评。

在倪志宇的努力下，不老台村扶贫工作稳步推进，受到社会各界好评和关注。倪志宇连续两年被评为"全省扶贫脱贫优秀驻村第一书记"，所在工作组被授予"河北省脱贫攻坚先进集体"荣誉称号，驻村工作被新华社和《中国教育报》《河北日报》等媒体报道40余次。

方智远院士（左二）拿着甘蓝新品种

方智远院士：
情系"冷凉蔬菜"，
写下致富新章

　　在气候冷凉的地区，不那么炎热的夏天，是一些蔬菜的最爱，这一类蔬菜，被称为"冷凉蔬菜"。在中国，适合冷凉蔬菜生长的环境相当常见，但受制于优良品种缺乏等因素，很多这样的资源仍然在沉睡之中，使当地居民难以借此脱贫。为了将冷凉蔬菜转变为脱贫致富的动力，方智远院士的科研团队开始推广蔬菜新品种，踏上了开展科技扶贫工作的征程。

"愚公移山"有新篇
蔬菜籽种农业创造多赢的扶贫成就

　　河南省安阳市下属的济源市王屋镇，是中国古代寓言《愚公移山》故事的发生地。当时间进入现代社会，贫困成为又一座需要被"移走"的

"山"。在中国工程院院士方智远看来，这里的耕地分布虽然散碎，气候却很适合冷凉蔬菜的生长，如果能发展相关的产业，就可以为农民带来脱贫的希望。

这与当地农民企业家侯三元的想法不谋而合。这位一生从事作物种子繁育工作的种业"老兵"，早在2000年就与人合作，成立了蔬菜制种公司，但经营并不顺利。带着为公司寻找新技术以期扭亏为盈的想法，他拜会了方智远，从此走上了一条致富的新路。

当时，方智远团队培育了一个产量和品质都不错的甘蓝新品种"中甘21"，但制种不易成为它大规模推广的瓶颈。方智远曾经与北京市，以及山东、河北、山西等省份的制种者合作，但都难以得到合格的种子。侯三元所在的河南省，便意外成为"最后的希望"。方智远对侯三元说："如果你能生产出来（种子），我这个品种就有希望了！如果生产不出来，这个品种就废掉了！"

方智远的这句话，让侯三元颇感压力，但也成为他攻关挑战的动力。经过自行研究，他发现别人没有成功的原因，是没有掌握这个甘蓝品种的特性和需要的气候条件。这个品种的父本（雄花）花期短，如果按照以往的经验来种植，会导致父本与母本（雌花）的花期不能相遇，无法授粉自然难以开花和产生种子。找到了原因，老侯调整了栽培环境，设法拉长父本的花期，成功地

甘蓝是个大家族，也是人们常吃的蔬菜种类之一

培育出了菜种。

解决制种难题之后，方智远在侯三元的绿茵种苗有限公司设立了院士工作站。凭借繁育优秀蔬菜品种的种子，侯三元为当地的贫困农户创造出一条致富的新路。他将方智远培育的新品种蔬菜，交给农户们在自家的田地里进行"复制"。因为只需要得到种子，而不追求蔬菜的产量，农户们只需很少的土地就可以进行生产，非常适合耕地面积有限的山区。他们制取的种子通过侯三元的公司进入市场，赚取的利润绝大部分又返还给农户们，使他们得到了远比种植粮食更高的收益。

随着蔬菜制种面积逐年扩大，贫困村"土房多、砖房少，粮食作物多、经济作物少，没钱人多、有钱人少"的"三多三少"的局面，不出几年就完全逆转，变成了"三少三多"。大量品质卓越的冷凉蔬菜，也得益于籽种农业的制种工作，被推广到全国各地更多适合它们生长的贫困地区，成为一个个脱贫梦想的"种子"。利用山区土地发展的独特产业，创造了多赢的扶贫成就。

乌兰察布种菜忙
品种技术推广"激活"沉睡的宝藏

内蒙古自治区乌兰察布市地处中国华北北部，拥有典型的夏季冷凉气候，很适合种植甘蓝、胡萝卜、大白菜、洋葱、马铃薯等冷凉蔬菜。因此，这里是中国重要的冷凉蔬菜生产基地，产品供应北京、天津以及河北等。但因为优良品种缺乏，蔬菜生产技术粗放，加之气候等原因的影响，乌兰察布市内部分地区经济不发达，存在多个国家级贫困县。

方智远很清楚，乌兰察布市蕴含着极为丰厚的"沉睡的宝藏"，只需通过先进的农业技术"激活"，就可以迸发出惊人的经济活力。2009年，他的科研团队来到乌兰察布市，建立了冷凉蔬菜院士工作站。在当地政府的支持下，他与当地农业科技人员关慧明等人一起，开始了全力推广冷凉蔬菜新品种，踏上了改变当地蔬菜产业面貌的征程。

得益于政府的重视，方智远的团队在乌兰察布市郊区建立了院士工作站核心试验基地，建有标准育苗设施10000平方米，标准试验田200亩及配套设备。基地自成立以来，已经引进试验甘蓝、胡萝卜、马铃薯、洋葱、豆角、芥菜、白菜、番茄、辣椒、黄瓜、青花菜等蔬菜新品种500多个，筛选出甘蓝新品种"中甘21""中甘628""中甘590"，胡萝卜新品种"中誉1749"，洋葱新品种"红绣球"等蔬菜优良品种50多个。它们丰富了当地蔬菜品种种类，促进了当地蔬菜品种的国产化。这样一来，农民们能得到价格低廉而且品质更好的蔬菜种子，用更低的成本获取更高的收益。

在乌兰察布市卓资县、商都县、兴和县，乌兰察布市察哈尔右翼前旗、察哈尔右翼中旗，以及呼和浩特市武川县等不同的生态区，方智远的团队设立了六个面积为100~300亩的示范田，对筛选出的新品种、新技术进行示范。每年，在不同的生长季节，他都会组织当地生产企业、农户到核心试验基地和示范田参观，参观人数都在1000人次以上。他们将自己看到的新品种和学

方智远院士进行实地考察

到的新技术，向周围的人们传播，成功地加速了新品种、新技术的普及推广。从成立至今，工作站已经在乌兰察布市及周边地区推广了膜下滴灌栽培、生态绿色农药等12项新技术，总面积大约50万亩！

为促进新品种、新技术的转化，在各生产季节，工作站会有计划、有目的地举办面向当地科技特派员、基层农技人员的培训班，并在现场跟踪指导。除了工作站的科技人员亲自讲课，还邀请国内专家到乌兰察布市讲学，每年培训人员1000人次以上，现场指导5000人次以上。

方智远院士团队每年都会

到乌兰察布市工作，精心安排新品种、新技术的试验示范，深入各个贫困县调研，为农民提供新品种、新技术，开展技术培训。市科技特派员关慧明的团队更是亲自动手跟踪服务，以院士工作站为家，组织新品种、新技术的试验示范推广，亲身为农民和技术人员讲课。为了促进贫困县农民的脱贫致富，关慧明团队经常深入兴和、武川等贫困县，对

方智远院士与当地农民合影

贫困户嘘寒问暖，了解贫困户的困难和需求，向贫困户无偿提供优良品种、肥料、农药等生产资料。

致富路亮起"绿灯"
高品质绿叶蔬菜锁定脱贫攻坚胜局

蔬菜沙拉有益健康的优点，使食用蔬菜沙拉近年来成为一种流行文化，也使高品质绿叶蔬菜深受市场欢迎。方智远发现，那些他曾经进行技术推广的内蒙古自治区的贫困县，大多适合种植甘蓝，可以让农民借势致富。

2020年，工作站在乌兰察布市兴和县、呼和浩特市武川县等贫困县推广了"中甘628"等早熟优质甘蓝新品种20000余亩，亩产约6000斤，市场价格0.7～0.8元/斤，农民每亩纯收入超过3000元，成功地助力当地2020年扶贫攻坚顺利收官，全面脱贫。国家重点贫困县兴和县（2020年已脱贫）曹四夭乡的黄有龙、裴英、荆良等12户贫困户，共种植"中甘628"165亩，亩产6000～7000斤，每户纯收入2万～3万元，顺利走上了致富路。

而在另一个"著名"的贫困县武川县，2019年，方智远团队根据当地冷凉气候优势，深入该县耗赖山乡耗赖山村开展科技下乡和扶贫活动，推广甘蓝新品种"中甘628""中甘590"等大约1000亩，并配套推广膜下滴灌等栽

近年来，食用蔬菜沙拉成为一种流行文化

培措施。当年，这些新品种蔬菜便获得丰收，亩增收1000元以上。

　　为了帮助当地的冷凉蔬菜做出特色，方智远团队成立了内蒙古自治区首家"国家'控肥增效'项目区·武川县冷凉蔬菜院士专家试验站"。除了冷凉蔬菜良种试验示范及标准化种植技术，试验站也在提高蔬菜施肥效率方面进行研究，最终制订出相应的指标体系。这使当地出产的冷凉蔬菜种植，朝着减肥、绿色、高效、安全的方向发展。肥料用量减少不仅帮农民节约了支出，也成为蔬菜的"卖点"，使它们在市场上更受欢迎。

　　这些冷凉蔬菜新品种的亮相，也解决了盛夏时节当地绿叶蔬菜大多靠外调供应的问题，丰富了传统淡季的蔬菜市场。方智远引入的新品种和推广的新技术，不仅带动了贫困县的农民脱贫致富，也使千千万万的人拥有了更加健康的三餐。

傅廷栋院士

傅廷栋院士：
一生情系"致富花"

　　油菜是中国重要的油料作物。在中国每年生产的大约1000万吨食用植物油中，源于油菜的菜籽油占据了一半以上的份额。不仅如此，油菜也是极佳的蔬菜、饲料和肥料。花朵盛放的油菜田，还有可能成为花蜜的来源和适宜拍照的旅游景点。中国工程院院士傅廷栋一生致力于油菜育种的研究，面对中国耕地资源极为紧张的现实，他设计了利用农闲时节种植杂交油菜的方案，不仅为很多省份解决了牲畜越冬饲料的难题，也帮助农民找到了增收的途径。

锲而不舍发现独特植株
奠定油菜杂交技术基础

　　傅廷栋的科研生涯，始于广东省中山县的一家农技站。在那里，刚刚中专毕业的他与农民同吃、同住、同劳动。这段珍贵的基层经历，使他深刻地体会到，农民迫切需要各种新的农业技术，只有这样才能提高农作物的产量，增加农民的收入。1956年，傅廷栋考取了华中农学院（今天的华中农业大学）农学系，之后，他师从油菜遗传育种学家刘后利，成为新中国最早一批就读油菜遗传育种方向的研究生。

20世纪五六十年代，中国主要的本地油菜品种是白菜型油菜。从海外引进的甘蓝型油菜虽然产油量高一倍，但生长周期长，意味着更多的劳动与风险。傅廷栋认为，如果将这两种类型的油菜杂交，就有可能获得既高产又早熟的品种。

但油菜是自花授粉植物，要进行杂交，必须首先找到只有雌蕊、没有雄蕊（或者雄蕊萎缩）的油菜品种。1972年3月20日早晨，傅廷栋在种植着一个从国外引进品种的试验田里，意外地发现了符合要求的植株，总共19株。就像"杂交水稻之父"袁隆平院士发现了天然雄性不育野生稻"野败"，促成了杂

傅廷栋院士在油菜田里考察

交水稻育种的飞跃一样（水稻也是自花授粉植物），傅廷栋的发现，也开启了杂交油菜研究的全新领域。到目前为止，他已经培育200余个杂交油菜品种，累计推广面积达10亿亩。而它们的源头，都可以追溯到这19株雄蕊萎缩、没有花粉的油菜。

傅廷栋不仅培育出高产的杂交油菜，还通过育种解决了油菜的"双低"问题。20世纪80年代以前，中国油菜品种多为高芥酸、高硫苷的"双高"品种，所产菜籽油的品质较差，长期食用这种油对人体健康不利。因此，从1975年开始，他的科研团队就在西北、西南地区进行夏繁加代工作。每年5月湖北省武汉市周围的油菜收获后，他就到青海、云南等省份播种，9月至10月初收获后再回武汉播种。如此奔波，就是为了在一年里做两年的事。在青海，（春秋季节）夜晚气温接近0℃，有时傅廷栋因为照看油菜忘记时间，来不及返回住处，就与大家一起，在盖着塑料布的小棚子里将就睡一晚。1992年，他终于选育出中国第一个低芥酸杂交油菜品种"华杂2号"。此后，他的课题组又育成优质"华杂"系列"双低"杂交品种10余个，创造经济效益超过30亿元。

拓展油菜种植空间
让油菜发挥更大价值

在傅廷栋任教的华中农业大学，师生中流传着"傅氏六件套"的说法——草帽、挎包、长筒胶靴、水壶、工作服、笔记本。这些物品，都是他下田劳作开展科研时不可或缺的"装备"。几十年来，这位"对下田上瘾"的育种专家，始终坚持着一个理念，那就是农学科研"就得围着农民打转"。只有满足现代农业的需要，并且得到农民认可，科研项目和成果才有意义。

20世纪90年代，傅廷栋的团队在甘肃省和政县开展油菜北繁试验研究。在这期间，他发现了油菜科研的新方向。当时，西北地区会在每年7月或8月收割小麦，而后土地就会进入"农闲时节"。此时的土地不仅不产生经济收益，而且因为当地气候干旱，荒芜的土地反而可能引发扬尘。另一方面，每到冬天，饲养牲畜的农民和牧民总会遇到一段极度缺乏草料、"青黄不接"的时间，很容易导致牲畜死亡。

　　针对这些问题，从1999年开始，傅廷栋在属于"三区三州"（国家深度贫困地区）的和政县，试验麦收后复种饲料（绿肥）油菜，并研究推广双低杂交油菜品种。因为西北地区的很多土地都有严重的盐碱化问题，油菜却相对比较耐盐碱，有助于开发这些"废地"，恢复地力并储存牲畜过冬的饲料。从此以后，利用"秋闲"时段种植饲料油菜，逐渐成为西北、东北地区多个省份农民的选择。这不但缓解了西北、东北秋冬青饲料不足的难题，而且增加了绿色植物的覆盖度。

　　从1999年到2020年，和政县的油菜种植面积从2.5万亩扩至16万亩，品种全部实现优质化（低芥酸、低硫苷），杂交品种全面普及。2019年11月，和政县实现了"脱贫摘帽"，傅廷栋也被和政县政府授予"荣誉市民"称号。

　　和政县的油菜田，也是傅廷栋传道授业的主战场。他坚持在田间地头、

傅廷栋院士查看油菜开花情况

生产一线培养学生、培育团队，与学生和同事一起带领百姓脱贫致富。在他培养的500多名研究生中，有200多名就是在和政县学成出师的。他的很多弟子，如今已是国内外油菜研究领域的学术带头人和扶贫骨干。

在傅廷栋的大力倡导和亲自推动下，华中农业大学与和政县在农业技术攻关、科技成果推广、特色产业发展等领域，开展了全面合作。2020年10月，双方签订了在和政县共建"华中农业大学临夏现代农业研究院""西北寒旱农业研究院"协议，合作内容也从油菜拓展到其他作物，以及食用菌、先进农业、寒旱农业等诸多方面。

因地制宜设计油菜产业
让油菜花成为"致富花"

傅廷栋运用油菜开展扶贫的事业，并不仅仅局限于和政县一地。他一直有个愿望，要把油菜花变成老百姓实实在在的"脱贫花""致富花"。

带着这样的心愿，从长江两岸到三北地区，他带领团队一路追随油菜花开，创造性地实践了"围绕一个特色产业、组建一个教授团队、设立一个攻关项目、支持一个龙头企业、带动一批专业合作社、助推一方百姓脱贫致富"的"六个一"产业精准扶贫模式。

在湖北省荆门市，傅廷栋团队推广的高油酸品种，收购价每公斤比普通油菜高1~2元。这充分调动了农民的积极性，使油菜种植面积迅速扩大。而他的团队推广的另一个抗根肿病油菜品种，则使油菜根肿病流行地区的农民重拾了种植的信心。

新疆维吾尔自治区面积巨大的盐碱地，在傅廷栋眼中也成为发展油菜产业的"宝地"。他表示，全自治区有大约1亿亩盐碱地，土壤养分严重不足。对于（治理成本巨大的）重度盐碱地，可以用来种植饲料油菜，因为它们相对能耐受盐碱环境。第一季油菜不收获，直接翻耕作为绿肥；第二季就可以作为饲料，让农民在传统式无法耕作的土地也能得到实惠。于是，在北疆，通过改良饲料油菜种植技术、推广油菜新品种，农民在盐碱"花花田"上也种出了作物；在南疆，饲料油菜技术简单、容易上手，是农牧结合的

傅廷栋院士查看油菜结籽情况

好项目。

　　尽管已经取得了出色的推广成绩，傅廷栋仍然关注着油菜产业发展的新趋势。他发现，油菜花虽然很漂亮，但直到最近几年，"观光油菜"的概念才出现，在大片油菜花田观光和拍照才成为一种流行。因此，未来的油菜产业，很可能是以油用为主，因地制宜进行发展，使它兼具"饲用""观光""菜用"等多种功能，促进三产融合，提高生产效益。为了服务于旅游业，傅廷栋的团队中已经有科研人员在从事油菜花色泽的研究，以期使油菜花田拥有多种色彩，如红色、白色或者橘色，在有条件的地区发展成为吸引游客的"农业艺术品"。

　　傅廷栋常说，油菜花是世界上最美的花。这不仅是因为油菜花田本身颇具观赏性，也因为在一朵小小的油菜花背后，藏着农民脱贫致富、乡村振兴的美好图景。

黄璐琦院士

黄璐琦院士：
致力中药产业扶贫

中医药是中国悠久历史的瑰宝。在中医的历史上，有过许许多多时令和产地影响药效，甚至创造医疗奇迹的实例。作为中药资源领域的知名专家和国家中药材产业扶贫行动技术指导专家组的组长，黄璐琦院士把脱贫攻坚与中药资源保护利用、绿色生态发展结合起来，运用现代科学技术，致力于破解贫困地区发展中药材产业迫切需要解决的一系列问题。

运用现代生命科学手段
发现优质药材诞生的关键

"道地药材"是中国传统优质中药材的代名词。在民间，素有"非道地药材不处方、非道地药材不经营"的说法。这是因为，很多中药材是植物药，也和农作物一样，有着"好土生好苗"的规律。或者说，同一种药材如果产地不同，质量就可能存在差异，进而影响药效。

尽管中医界一直追求使用"道地药材"，但决定药材品质的机制或者说影响因素，长期以来一直不明确。人们往往只能通过经验和运气来得到"道地药材"。产品品质不够稳定，成为困扰中药材产业发展的重要因素。

黄璐琦院士认为："（研究）中药资源是一门实践科学，需要深入实地，行走乡间，才能在广阔天地挖掘中医药的'良药'。"他通过实地调查、理论研究和科学实验，揭示了"道地药材"形成的机制，也就是"逆境效应""特化基因型""独特的化学特征"这三种关于"道地药材"成因的理论，并因为这方面的研究两次获得国家科学技术进步奖二等奖。

而后，他利用地理信息系统结合实地调查，发现"道地药材"品质与生长发育的适宜区不一致甚至相反。基于这样的发现，他进一步开展了"道地"与"非道地"药材土壤环境的综合比较，包括对土壤无机元素、土壤养分、土壤化感物质、土壤微生物等指标加以分析，获得了"道地药材"的土壤环境特征，提出环境胁迫和改变栽培措施，都有可能形成"道地药材"。

这些研究成果，为生态脆弱的贫困地区发展中药材产业，提供了理论指导和科学依据。也就是说，在这些地区种植中药材不仅不会破坏环境，还能种出优质的"道地药材"。

根据自己的理论，黄璐琦开始大力推广立体高效的中药材生态种植模式，如"林药套种""果药间种""药药套种"等，实现"开发扶贫推进生态建设、生态建设促进扶贫开发"的良性循环。例如，他推广应用管花肉苁（cōng）蓉人工种植技术，在新疆和田地区和内蒙古自治区选择不宜农作和放牧的荒漠，推广种植管花肉苁蓉60000余亩。在建设管花

黄璐琦院士深入实地考察

肉苁蓉产业化种植基地的同时，他的团队也为创造药材生长的环境，栽植了千顷红柳林。红柳这种沙生植物被认为是有助于治理荒漠化的"绿色卫士"，因此，管花肉苁蓉产业基地在产生经济效益的同时，也带来了社会效益。这样的产业规划，成功地兼顾了环境保护与扶贫开发。

肉苁蓉

优化中药材产业布局
药材种在合适的区域才有价值

对于贫困地区来说，种植中药材面临的第一个难题，就是药材种类的选择。盲目引种不仅有可能生产出"非道地药材"，降低药材质量和疗效，还会造成恶性竞争，削弱道地药材优势品种的良性发展。

黄璐琦带领团队，对贫困地区进行了大量实地调查，帮助当地解决"种什么"的问题。例如，在云南省普洱市澜沧拉祜族自治县，他依托中国工程院"院士专家扶贫工作站"，开展了为期一年的中药资源调查，基本摸清了县内中药资源的本底情况。

黄璐琦结合本草考证工作（用考古学方法，对中药材名称、产地、真伪、性味功用等方面进行考证），完成了三七、当归、甘草、五味子等100多种中药材的"道地药材"优质产区分布区划，研究发布了774个贫困县的生态适宜种植中药材目录。据此，他编著了《中国中药区划》，引导人们尽可能将中药材种植在最佳的生产区域里；他还组织专家制订《全国道地药材生产基地建设规划》，由农业农村部、国家中医药管理局、国家药品监督管理局联合发布实施，引导贫困地区优化中药材产业布局和生产基地规划布局。他还针对全国832个贫困县的中药材产业扶贫情况，进行了基础状况调查，遴选出10%可以优先发展中药材产业扶贫的区域，保证了中药材生产的有序进行。

为了能够长期动态监测药材种植分布情况，黄璐琦引入了高分卫星遥感技

深入贫困地区田间地头，实地指导种植关键技术

术，以山西省忻州市五寨县、河南省洛阳市洛宁县、安徽省宿州市砀山县、陕西省榆林市佳县、陕西省安康市宁陕县、甘肃省定西市渭源县，以及内蒙古自治区通辽市奈曼旗等15个地区为示范，进行贫困县中药材种植区域分布监测和供给汇总工作，开展贫困地区中药材种植面积统计和监测。古老的中药产业与现代航天技术的结合，取得了显著的成效，药材的产区信息一目了然。

同时，黄璐琦整理了324种药材的不同品种、栽培与野生品种、药用种及其近缘种的种质资源情况，制订了150种药用植物种质资源保存规范，构建了中国首个"道地药材"种质资源标准化整理整合及共享平台，向全国137家单位提供药用植物种子。这些工作，实现了药用植物种质资源的实物共享，保证了中药材生产的安全。

深入基层严抓品控
制定国际标准避免"卡脖子"

解决药材种类选择的问题之后，接下来的工作便是传授种植技术，或者说教给农民药材"如何种""如何控制品质"的知识。

针对这样的难题，黄璐琦组织中药、农业领域的184位专家，编制了100种常用中药材的《中药材生产适宜技术》。并针对14个集中连片贫困地区，编写了《十四个集中连片特困区中药材精准扶贫技术丛书》。还组织专家深入基层，通过课堂授课、座谈讨论、现场答疑、线上培训、发放技术资料等多种方式，提供技术咨询和支持，累计组织各类培训活动648场（次）；培训基层技术人员、种养大户、农民超过220万人（次）；推广面积超过208.7万亩，发放宣传资料52182份。这些培训提升了基层技术人员与药农的技术水平和实践能力，为当地带来了巨大的经济效益。例如，安徽省六安市金寨县现在一年的中药材产值

黄璐琦院士深入实地考察

可以达到28个亿，占全县国民生产总值的25%，户均增收3000~5000元。

得益于严格的品控标准，采用黄璐琦等专家推广的技术种出的药材，质量不仅符合国家标准，还可远销国外。针对国际社会对中药材重金属、农药残留超标的质疑，他带领团队，首次提出小剂量重金属刺激与中药材活性成分积累相关的"毒物兴奋效应"（hormesis）理论；首次提出基于科学计算获得的中药材重金属限量；建立全球首个传统药材重金属限量ISO国际标准，以及农药残留、二氧化硫ISO国际标准。他主持制定并且获得国际认可的这些标准，不仅填补了国内外空白，也打破国际市场针对中药材贸易的技术壁垒。

以黄璐琦建立的重金属ISO国际标准为例，这项标准使中药材五种重金属超标率平均降低13.27%。每年理论上可以减少因为重金属超标导致的中药材贸易退货或销毁损失约40亿美元。为此，黄璐琦获得了ISO/TC249突出贡献奖、中国标准创新贡献奖，以及世界中医药学会联合会的"中医药国际贡献奖——科技进步奖"。

为确保药材销路通畅
动员药厂开到贫困山区

对于种植药材的农民来说，尽管药材品质卓越，但寻找市场仍然是极为苦恼的事情。对此，黄璐琦牵头编研发布了157种道地药材团体标准、225种中药材商品规格标准，规范和服务中药材的市场流通。他牵头研发了全国中药材供应保障平台，围绕中药材种植、加工、仓储、流通生产主线，指导、监

测、检测、追溯等开展服务，提高中药材种植、产地初加工、流通全过程的信息化水平，为企业、种植户等提供技术服务。目前，这家平台已经服务200余家企业，为22个省的60个贫困县提供中药材质量追溯系统，通过信息时代的品控手段，来保证各方放心地进行中药材的交易。

黄璐琦还积极推进中药生产企业到贫困地区建立种植基地和生产车间，建立扶贫的长效机制，为农民打开药材的销路，使脱贫成效得到巩固。针对陕西省安康市宁陕县盛产药材猪苓的特点，他协调当地政府，为当地猪苓产业制订规划。而后，他指导当地建设种源基地，推广适宜技术，帮助引进企业在当地建立产地加工一体化公司，围绕猪苓药材打造立体农副产品圈，形成基于猪苓的一、二、三产业融合发展，这样的产业体系规划，既保障了企业获得优质的猪苓原料供给，又带动当地经济发展，服务中药材种植合作社和药农增收脱贫。仅在2018年里，宁陕梦阳药业饮片公司就在宁陕县收购6吨猪苓干货，惠及贫困户70余户200余人。目前，公司已经累计收购猪苓药材近40吨，价值近200万元。在新冠肺炎疫情逐渐平稳后，公司在做好防疫的前提下有序复工，做到不裁员也不降工资，还在当地录用了更多建档立卡的贫困户。

黄璐琦以其担当和责任，组织团队，示范带动整个行业，研究中药资源保护与利用关键技术，推广中药材种植生产加工适宜技术，帮助贫困地区发展产业，在实现脱贫致富的同时也保护了环境。他既是"绿水青山就是金山银山"的实践者，也真正做到了"把论文写在祖国的大地上"。

中草药材

李天来院士：
情系"设施蔬菜"，传递创富理念

　　我们今天食用的蔬菜，是在露天的田地或是各种不同的温室大棚里种植出来的。相比于传统的大田农业，使用温室大棚的"设施蔬菜"，可以在一定程度上摆脱"靠天吃饭"的限制，打破种植的季节限制，还能让蔬菜长得更快、更好。李天来院士作为著名的园艺专家，常年带领团队助力贫困地区"设施蔬菜"产业发展，取得了科技扶贫的丰硕成果。

倾力改进温室技术
"设施蔬菜"成为农学热点

　　近年来，种植蔬菜的温室大棚，是一个技术进步迅速的领域。在北方，农民们使用节能日光温室来种植蔬菜，这种温室通过后墙体吸收太阳能实现蓄热和放热，使室内的温度维持在一定水平；而在气候更温暖的南方，形状大体相当于半圆柱的塑料大棚，是蔬菜种植业的主流。但如果要让这些大棚更好地

在大棚里种植蔬菜

2016年，李天来院士在青海省海西蒙古族藏族自治州考察

利用阳光,保持内部的温暖,就需要对它们的细节进行优化设计。

这便是李天来院士的研究领域。除此之外,他也对各种有助于"设施蔬菜"生产的技术,如大棚配套环境调控、大棚蔬菜生产设备、蔬菜周年高效栽培模式与技术、适合大棚的蔬菜新品种选育及应用、病虫害绿色防控技术、保花保果技术、大棚作物LED补光技术等,都有着深入的研究。可以说,他团队的科研成果,覆盖了大棚蔬菜种植的每个环节。

扎实的研究工作,使李天来的团队拥有坚实的技术储备。作为国家大宗蔬菜产业技术体系机械化研究室主任,而且是农业部蔬菜专家指导组成员,他也热心于对全国各地的蔬菜种植户进行实地指导和定点帮扶。他的团队能为各地蔬菜产业长远发展提供决策咨询,帮助制订发展战略规划。

近年来,李天来带领团队深入基层,在内蒙古自治区赤峰市宁城县、甘肃省白银市靖远县、云南省普洱市镇沅彝族哈尼族拉祜族自治县、河北省承德市滦平县、河北省承德市丰宁县、河北省衡水市武邑县、江西省吉安市吉安县、江西省赣州市宁都县、辽宁省沈阳市康平县等地,积极开展扶贫工作。在他和团队的努力下,得到他们帮助的很多地区都已经陆续脱贫。特别是内蒙古自治区赤峰市宁城县、甘肃省白银市靖远县,河北省平泉市,以及辽宁省朝阳市下属的凌源市和北票市等地,已经成为北方寒区重要的设施蔬菜生产基地。

"设施蔬菜"技术的传播
彻底改变了一个贫困县的命运

内蒙古自治区赤峰市宁城县曾是国家级贫困县。但李天来认为,当地干旱少雨、光照资源丰富的气候特点，反倒是发展"设施蔬菜"产业的天然优势。只要运用科技激活这种沉睡的资源，就有可能改变这里的贫困面貌。

于是，李天来决

2018年，李天来院士在江西省赣州市实地考察

心扎根于此，用实际行动验证自己的想法。他率领沈阳农业大学设施园艺团队，会同大宗蔬菜产业技术体系机械化研究室的专家教授，汇集起多学科、跨专业的队伍。他们从日光温室结构与环境、栽培模式与技术等全生产过程，为宁城县日光温室蔬菜产业发展及其扶贫工作提供技术支持和服务。

2016年，"沈阳农业大学内蒙古高原设施蔬菜工作站"在宁城县成立，并于同年12月举办了首届设施农业（园艺）发展论坛。2017年，在李天来的推动下，工作站与中国园艺学会设施园艺分会联合举办了中国设施园艺学术年会，召集国内设施园艺专家，为宁城县的设施蔬菜产业发展出谋划策。

从2016年到2018年，李天来的团队为宁城县建设的15个日光温室扶贫园区提供了技术支持，使菜农们人均增收1.6万元，9424人因此脱贫，占全县脱贫人数的80.8%，为2018年宁城县退出国家级贫困县作出了巨大贡献。2019年，扶贫工作的重点转向保持脱贫农户不返贫和（其余贫困户）继续脱贫。李天来的团队通过建立"设施蔬菜"绿色"双减"（减少化肥与农药的使用量）栽培技术科技示范户、开展现场技术指导、举办技术培训班和发放技术资料等多种方式，大力提高脱贫农户的日光温室蔬菜的栽培技术水平，提高产量和效益，并增强他们独立解决问题的能力。这样，他们就可以不总是依靠专家技术支持的"拐杖"，而能够通过自己的知识捍卫脱贫的成果。

同时，李天来继续技术支持宁城县扶贫设施蔬菜园区的规划和建设，建立了"一肯中扶贫产业园区""八里罕镇设施农业扶贫产业园区""三座店润益扶贫科技产业园区二期"三个扶贫日光温室蔬菜园区。这些园区占地总面积1800余亩，带动了200余贫困户的脱贫致富。

针对不同的气候条件
给出不同的蔬菜种植方案

中国幅员辽阔,全国各地的气候条件有着非常大的差异。对于"设施蔬菜"产业来说,温室大棚和生产设备的设计也必须因地制宜。

在为甘肃省白银市靖远县扶贫时,李天来带领团队结合西北地区的自然条件,绘制完成了日光温室建设规划图纸,指导建设日光温室852座。同时,他还为当地引进番茄、黄瓜等蔬菜新品种47个,推广应用农业物联网技术、水肥一体化技术、轻简化栽培技术等12项技术,为助推产业扶贫工作提供了技术保障。2018年7月,在沈阳农业大学举办的设施培育提升专题培训班上,靖远县有31人参加了培训。他们当中有"设施蔬菜"种植有关乡镇分管领导或农业服务中心主任、县农业技术推广中心技术骨干、种植大户和科技示范户,以及北湾镇富坪村、新坪村的村干部。得益于李天来的培训班,这些与蔬菜种植业直接相关的干部与农民们,看到了"设施蔬菜"产业发展的新进展,也学到了日光温室结构与环境调控等能够服务于实际生产的知识。

李天来多次参加中国工程院对云南省普洱市澜沧拉祜族自治县的科技扶贫工作,并在科技扶贫培训班上授课。2019年10月9日,在普洱市澜沧拉祜族自治县竹塘乡的蒿枝坝科技扶贫小院,李天来在中国工程院院士专家技能扶贫班上,对300余名学员传授番茄等蔬菜的种植技术。这些经他推广的农业新技术,已经带动了建档立卡贫困户279户。他们种植蒲公英250亩,亩产量

2019年8月,李天来院士在河北省承德市丰宁满族自治县查看木耳丰收情况

2019年,李天来院士在江西省赣州市宁都县考察

6吨，亩产值6000元；辣椒3000亩，亩产量3吨，每公斤售价平均2元，亩产值6000元；香椿50亩，亩产量100公斤，每公斤售价30元，亩产值3000元。这些在当地推广种植的蔬菜，使农户平均收入达到了6000元以上。

新锐成果助力扶贫
用新技术化解农村的贫苦

李天来很注重将新锐科研成果引入生产一线。他带领团队，集中多个课题科研成果，结合中央财政农业科技推广项目"日光温室蔬菜提质增效安全生产技术示范推广"、国家重点研发计划"东北寒区设施蔬菜化肥农药减施增效技术模式与示范"等课题，采取技术培训、现场技术指导、发放技术资料、发放物化补贴物资等多种形式，在全国各地开展技术扶贫。

在河北省承德市滦平县与河北省平泉市，李天来的团队建设了四个试验示范基地，引进番茄、黄瓜等新品种60余个，推广应用病虫害绿色防控技术、减肥减药技术等10余项新技术。他的这些努力，带动了河北省承德市滦平县、丰宁县、隆化县等贫困县的300余户农户脱贫增收。他指导丰宁县改造日光温室结构，使冬季棚内温度较往年增加了3~5℃，实现增产20%；引进的番茄等蔬菜新品种，也带来了5%以上的增产。不仅如此，他指导农民使用"设施蔬菜"栽培新技术，减少了农药、化肥的使用量，提升了产品品质，使蔬菜销售价格提高了5%以上。得益于蔬菜售价增长和产量的增加，当地有56户贫困户实现脱贫。示范基地还帮扶了武邑镇等6个乡镇的814户贫困户，为这些贫困

2020年，李天来院士在辽宁省阜新市考察

2020年，李天来院士在山西省吕梁市岚县考察

人口通过种植蔬菜脱贫提供技术支持。

在辽宁省内扶贫工作中，李天来带领团队，通过传播"设施蔬菜"种植技术取得了显著成果。2012—2014年，他扶持省级贫困村紫都台乡宝合堂村53户187人脱贫；2016—2019年，扶持省级贫困村寺镇官营子村214户618人脱贫；2014—2019年，扶持北票市32户、凌源市12户，共计44户56人脱贫，户均增收2万元左右。

"我是农民的儿子，知道农民的苦，也了解农民需要什么。"作为全国政协委员，李天来一直心系农业、农民。他提交的提案，大多围绕中国农业发展和农民增收致富。用他的话说，他就是"要为农民代言，择一事而终一生"。在2020年的全国政协十三届三次会议上，李天来提交了《关于加速农业科技创新与成果转化助力扶贫攻坚和乡村振兴发展的议案》。因为他坚信，只有实现农业科技创新发展，促进农业科技成果转化，才能真正让农民脱贫。

李玉院士现场指导食用菌栽培技术

李玉院士：
"食用菌院士"的扶贫之道

我们会在餐桌上遇到各种各样的食用菌，从常见的香菇和黑木耳，到近年来流行的蟹味菇和杏鲍菇。因为它们美味且健康，所以颇受欢迎。在食用菌领域，李玉作为该领域唯一的中国工程院院士，他将自己从事的菌物科学和工程产业化研究，同扶贫攻坚结合起来，通过传播食用菌栽培技术，使"种蘑菇"成为全国大部分贫困县的主导扶贫产业。

一生研究食用菌的他
希望中国人吃上更好的蘑菇

"食用菌"是"可供食用的大型真菌"的简称。人类与食用菌之间有着

野生黑木耳

漫长的缘分，但在自然界可供食用的2000多种真菌当中，只有40～50种可以进行人工大规模栽培。让这些食用菌更好地成长，收获更多的产量，便是李玉院士辛勤耕耘的领域。

近40年来，李玉的研究重点，在于突破食用菌的种质资源精准鉴定评价和高效育种这两大技术瓶颈。他在国内率先建立了食用菌原生质体制备和遗传转化的技术体系，选育了黑木耳、玉木耳等具有广泛适应性的食用菌品种45个。同时，他也创造了两棚制花菇生产、米菇间作、全株高值化利用等九项生产工艺，全日光间歇迷雾栽培黑木耳、小孔出耳（在培养菌袋上割小口的木耳培育技术）等12项原始创新关键技术，颠覆了栽种食用菌的棚室需要遮光保湿栽培的传统理念，填补了多项世界空白。

作为国际药用菌学会的主席，李玉在国际上首创了"一区一馆五库"菌类种质资源保育技术体系。"一区"是指菌物保育区，也就是为了防止濒危的菌物资源灭绝，针对珍稀菌物资源建立起的保育区，可以防止人类对这些真菌繁衍的干扰破坏。"一馆"是指菌物标本馆，可以让栽培食用菌的农户们，方便地查询到关于菌类的技术信息。"五库"则是菌种资源库、菌种活体组织库、菌种有效成分库、菌种基因库、菌种信息库，对食用菌的各种信息进行全方位的保管。

他的这些工作，为中国食用菌产业的可持续发展，奠定了种质核心基础。他还第一次建成了集食用与药用、有毒、野生菌类为一体的全球食用菌种质资源全基因数据库。凭借这项工作，他帮助中国抢占了国际食用菌育种的新高地，为中国的食用菌产业作出了重要贡献。

尽管在学术上成果丰硕，但在李玉心中始终怀揣着一个梦想，那就是让老百姓吃上更安全、更健康的好蘑菇。为此，他需要把新的科学发现，转化为农民迫切需要的实用技术，再转化为产业发展的基础。

带着丰富的研究成果与深厚的学养，李玉开始了以传播食用菌栽培技术助力脱贫的征程。

食用菌类助力脱贫攻坚
他使食用菌成为致富的推手

李玉怀着满腔热忱，将科研成果投身于国家的扶贫事业。多年来研究食用菌的丰富经验，使他敏锐地看到发展食用菌产业对于扶贫有着重要的价值。

基于此前的科研成果，李玉提出了"南菇北移""北耳南扩""木腐食用菌草腐化栽培"等食用菌产业扶贫的全新发展战略。他希望新的栽培技术的

李玉院士（左四）实地考察木耳生产基地

传播，可以打破传统意义上食用菌栽培产地的区隔与受到的环境限制，带给更多农民致富的希望。

带着这样的想法，李玉与全国40余个县签订扶贫合作协议，每年累计260余天深入基层，率队躬耕在河北省保定市阜平县、安徽省六安市金寨县、吉林省洮南市洮南县等深度贫困县，打通科技扶贫的"最后一公里"。他的团队在全国建立了31个食用菌技术推广基地，扶持食用菌龙头企业22个，示范推广30亿份菌袋（包），带动了上万农户依靠种植食用菌脱贫。在他的努力下，全国592个贫困县当中，有95%选择了食用菌栽培作为主导的扶贫产业。

在吉林省，李玉作为食用菌产业技术的总负责人，深入白山黑水开展食用菌科技指导，开启科学家扶持栽培户的合作模式。在延边朝鲜自治州汪清县等地，他和团队建立起总长度达100公里的"蘑菇科技扶贫长廊"，还用30余年的时间，打造了蛟河市黄松甸镇的黑木耳产业。他和农民们一起摸爬滚打，培育新品种，探索并推广新技术，最终使蛟河市黄松甸镇成为中国知名的"黑木耳之乡"。如今，蛟河市黄松甸镇里的全部村屯都从事食用菌生产。李玉被当地干部群众亲切地称为"木耳院士""农民的财神爷"。

此外，李玉还承担了吉林援助新疆食用菌产业项目，以及国家援建赞比亚农技示范中心这一涉外农业项目。在非洲期间，针对赞比亚的高原热带气候，李玉率领团队首次集成创新出适宜当地种植的食用菌品种8个，并且配套研发了生产技术体系。他在非洲的工作，被《人民日报》以"中国院士让赞比亚人民全年吃上蘑菇"为题进行了报道。

李玉院士在扶贫培训会上作报告

近年来，李玉继续投身更多省份的扶贫工作。他积极参与承担了中国工程院定点扶贫云南省曲靖市会泽县、普洱市澜沧拉祜族自治县的任务，与当地政府一起逐村制订食用菌科技扶贫方案。他在当地建立起"院士食用菌扶贫课堂"，手把手地将"良种""良法"送到田间菇棚。

仅在云南省曲靖市会泽县，他就开展食用菌栽培技术培训400余人次。目前，当地已经建成菌种厂四家，每年可以生产菌袋200万袋。在他的推广下，当地在林下种植了大球盖菇、羊肚菌、冬荪等食用菌，面积达1000余亩，带动了2000多户建档立卡贫困户实现增收。

在浙江省，丽水市庆元县被认为是中国人栽培香菇的源头。在这里，李玉设计了主打"文化牌"的策略，致力于推动将"浙江庆元香菇文化系统"申报成为中国重要的农业文化遗产。李玉的团队还在推进庆元县百山祖野生菌资源的调查与鉴定，乃至驯化栽培，为"香菇之乡"积累潜在的"爆款"新产品。同时，李玉还将庆元县政府奖励的480万元无偿捐出，建立了"李玉院士奖励基金"，用于这个香菇发源地的产业扶贫。

八年来，李玉在河北、山西、贵州等省份的贫困地区留下了足迹。他冒着严寒酷暑和高原反应，连续12次深入基层，从零起步指导建立食用菌现代产业园。在安徽省六安市的金寨县，他建立了大别山药用菌资源保育区，规划培育百亿级的药用菌产业，来助力当地扶贫。他还建立了贵州丰稼生物科技有限公司及院士专家工作站，帮助贵州省铜仁市增加食用菌种植数量。这里的食用菌种植业规模，从2016年的1亿棒（培养菌袋），飞跃到2019年的2亿棒。目前，铜仁市全市发展食用菌产业的乡镇有60余个，累计带动了22万贫困人口增收，促进5万群众就业。截至2020年5月底，当地的食用菌产量达到5万多吨，产值高达5亿元。

护航柞水木耳
被总书记"点赞"

2020年4月20日，习近平总书记前往陕西省商洛市柞水县金米村，了解脱贫攻坚工作。在视察期间，总书记特别为当地的特产柞水木耳"点赞"，留下了"小木耳、大产业"的评价。

柞水木耳就是李玉研究团队在当地对口帮扶的精准扶贫产业。2017年，

柞水李玉院士工作站成立

吉林农业大学与柞水县建立了校地合作关系，建立了院士专家工作站。经过多次调研，李玉团队决定因地制宜，提出在柞水实施"1153"木耳推进战略，充分发挥团队在食用菌产业化方面的科研优势，全面助力柞水县发展食用菌产业。

针对柞水县的地理条件，三年多来，李玉带领团队，积极开展秦巴山地木耳种质资源发育，以及实现高产栽培的关键技术的研究。他还深入柞水县全县各地进行产业调研，对木耳产业把脉问诊，全面启动了"柞水木耳"品牌打造计划，对柞水县的产业进行精准扶贫。

在深入考察柞水县野生食用菌种质资源的基础上，李玉在当地建立了自己设计的"一区一馆五库"技术体系，促进食用菌资源的保育与利用。而后，他为柞水县选育了五个宜栽品种，其中包括四个黑木耳菌种和一个玉木耳菌种，并通过标本馆与"五库"，大面积推广这些宜栽食用菌品种，辐射带动全

院士团队召开食用菌产业扶贫培训会

县九个镇办42个村发展木耳产业。

　　作为木耳产业扶贫的延伸，李玉帮助当地建成木耳研发中心一座、木耳菌种生产加工基地一座、木耳博物馆一座。这些建筑物与繁荣的木耳产业，使柞水县形成了独具特色的"木耳小镇"。在柞水县，每年生产的木耳菌包可达1亿袋，年栽培规模维持在7500万袋左右，年产干木耳3750吨，实现产值近3亿元。现在，已经有3138户贫困户依靠木耳产业，实现了脱贫。

　　为了延伸木耳产业链条、提升产品附加值、增强市场竞争力，李玉和他的团队指导当地建设了木耳深加工产品研发基地，全面开展木耳深加工产品研发。他们已经开发出木耳片、木耳冰激凌、木耳超微粉、木耳菌草茶等多种产品，全面提升了柞水木耳产品附加值和市场核心竞争力。

　　为了保障食用菌产品的质量，李玉的团队还帮助柞水县，构建了柞水木耳等食用菌生产加工的全产业链质量安全识别检测技术体系、质量安全追溯技术体系、质量安全控制技术体系和质量安全云数据平台,率先集成应用于柞水木耳产业。截至目前,他们已经帮助柞水县编制了柞水木耳生产标准,制订了黑木耳菌包生产、玉木耳菌包生产、黑木耳大棚吊袋栽培、玉木耳大棚吊袋栽培等四项技术规程,为木耳工厂化生产、科学化大田管理、等级划分提供了技术支持。李玉还先后派遣团队中的科研骨干人员30余人次,对木耳产业管理和菌包生产等人员进行技术培训。

全方位的扶持,使柞水木耳创造了产业奇迹。2019年,柞水县的木耳产业扶贫,入选全国十大产业扶贫典型案例。当时间进入2020年,脱贫攻坚的"收官之年",李玉的团队继续加大对柞水木耳产业的科技扶贫力度,继续推广黑木耳、玉木耳轻简化栽培技术,引入先进的栽培模式和栽培机械,扩大木耳栽培技术培训规模。他们还引入专门为柞水县选育的木耳杂交品种,改良传统栽培基质,推动当地农林废弃物循环发展。

这些措施,推动了柞水县的木耳产业朝着智能化、轻简化、机械化发展,提高了产业发展的效率和质量,使它从需要扶贫政策"输血",向通过产业发展自行"造血"转变。李玉团队的努力,成为"小木耳、大产业"做大、做强、做精、做优的科技支撑。

虽然年逾古稀,李玉仍然没有停下食用菌科研和推广的脚步。在他的引领下,小小的食用菌必将发挥更大的作用,成为脱贫攻坚、乡村振兴的重要帮手。

刘良院士（前排居中）正在实地指导

刘良院士：
致力中医药科技扶贫

中医药是中华民族源远流长的瑰宝，而今，它又在扶贫工作中显现出巨大的价值。中医"治未病"的观念和独特的诊疗手段，无须复杂的医疗设备，便可以为人们的健康保驾护航，避免因病致贫或返贫；中药材的种植和加工等产业，又可以成为贫困地区的居民致富的门路。出生于湖南省一个小山村的刘良院士，就在中医药科技扶贫领域走出了自己的路。

建立中药人才梯队
使业界后学得到高水平的训练

刘良院士是中医内科学的专家。他一直潜心于中医药科技事业，并取得了丰硕的成果。在勤于学术研究的同时，他也通过科技带动和人才支撑，致力于乡村农业产业发展和基层卫生服务体系建设，以提升乡村科技体系建设和科技意识。他把完成乡村振兴、脱贫攻坚的任务，作为科研成果转化和院

开花的鱼腥草/折耳根

士专家下乡工作的重要方向。

在过去的约30年间，刘良拿出自己积累的科研成果，与龙头企业建立合作，进行中医药全产业链的打造，以此积极推动在贫困地区进行中药材种植、开发与利用。他与湖南省怀化市等经济落后地区签订战略服务协议，开展产学研合作，在怀化市政府及湖南正清集团等先后建立工作站、研究院等平台。

同时，刘良积极推荐并联合钟南山、熊兴耀、屠鹏飞等一批国内外中医药领域高端人才，开展针对青风藤、灵芝、鱼腥草等中药材的协作攻关研究和基地建设。在协同攻关的过程中，他积极利用高端人才团队，培养中医药产业科技领军人才，先后培养了黄宇明、仇萍、张光贤等教授级高级制药工程师，并使伍贤进、郑兴良、向大雄、钟军、杨华、李文龙等博士完成了博士后研究工作。

在培养领军人才之后，刘良积极发挥他们的"传帮带"作用，以项目制形式开展中药材种植技术攻关，先后研究并建立了灵芝、鱼腥草、青风藤种植技术体系，编制种植技术规范六册，培养了曾维军、刘金喜等一批中药材种植技术骨干。刘良利用"院士专家地方行"、院士论坛等平台，同时采取课堂教学、参观研学、现场演示等方式方法，先后组织中药材种植大户、意向创业人员、新型职业农民培训80多场，总计500多人次，使他们成为乡村振兴、产业兴旺的带头人。

建立农企合作体系
让药农没有后顾之忧

同时，刘良也立足怀化市等地的中药材资源，建立中医药龙头企业与种植药材的农户之间的合作关系，使产业链向中药材种植延伸。他通过与企业联合

青风藤资源圃

进行发放中药材种苗、技术指导、保价收购的形式，鼓励和支持乡村人才创新创业。通过免费发放种苗的方式，他与中医药企业带动了怀化市的通道侗族自治县、靖州苗族侗族自治县、中方县、溆浦县、沅陵县等地的乡村种植鱼腥草、灵芝、青风藤5000余亩，参与农户2000多户。他的团队还采取发放技术资料、微信群技术提醒、现场技术指导等方式，及时为近2000名农户提供技术服务，有效保障种植户脱贫增收。

为了促进药材国际贸易，使农户有可能获取更高的收益，刘良主持建立了青风藤、黄芪等多个中药生药ISO国际标准。这是因为，2011年国际标准化组织设立中药ISO标准TC249原药材与传统炮制质量安全工作组（WG1），澳门科技大学承担WG1秘书处工作。当时，刘良作为澳门科技大学副校长（现为校长）和项目负责人，担任工作组召集人，在原药材ISO标准申报领域积累了丰富的经验。

目前，以刘良为首的澳门科技大学研究团队，不仅建立了一些中药材的ISO国际标准，还建立了高效、科学、合理、客观、符合中药特点的质量标准评价体系,提升中药材的质量控制,确实保障广大人民群众的用药安全有效。ISO标准的建立,有助于中国在青风藤国际贸易中掌握主动权,对提高青风藤的出口贸易额意义重大,而且极大地促进了中药材种植户脱贫、增收、致富。

着眼乡村常见疾病
慢病也是"因病返贫"的隐患

刘良还致力于完善乡村医疗卫生服务体系,特别是风湿疼痛等乡村常见难治性疾病的中西医结合高端诊疗体系建设,以提高乡村居民的幸福指数。刘良的科研成果"抗关节炎中药制剂质量控制与药效评价方法的创新及产品研发"项目,曾在2012年荣获国家科学技术进步奖二等奖。基于这项研究开发的"风湿与疼痛三联序贯疗法",成为国家中医药管理局推荐使用的治疗方案。

2019年,刘良联合湖南正清集团,牵头成立了湖南省风湿与疼痛专科医联体,随即于2020年与广东省中医院成立了广东省风湿与疼痛专科医联体。这两个医联体的作用,是推动优质中医资源下沉,培训更多使用风湿与疼痛高端诊疗体系的基层医师,提升基层风湿与疼痛临床诊疗水平,为乡村患者服务。

截至2020年秋,全国有3558家县以下医院(卫生院、诊所)加入了医联体,培训一线临床医生6000余人次。刘良的科研成果得以推广,有效解除了900多万名风湿类风湿患者的病痛,使他们恢复劳动能力,提高生活质量。刘良还通过组织专家团队进行(医学)科技讲座、基层走访、咨询服务等措施,提升乡村基层在医学领域的科技服务能力和科技意识,在公众中间建立起热爱和尊重科学的氛围,让他们在未来面对疾病时能够更加理性。

风湿疼痛是乡村常见难治性疾病

2019年04月08日
星期一
17时39分59秒

扶贫攻坚

李兆申院士（左六）与医护人员合影

李兆申院士：
情系革命圣地，
精准健康扶贫

在导致人们陷入贫困的因素中，重大疾病是无可争议的一项。对于缺乏积蓄的普通家庭来说，癌症等严重疾病不仅会摧毁患者的劳动能力，而且会带来长期的痛苦和巨量的医疗费用支出。为了破解"因病致贫""因病返贫"的难题，李兆申院士率领团队深入至今仍受制于贫困的革命老区，为帮助当地居民预防消化道癌症贡献心力。

传播癌症筛查知识，
将"因病返贫"扼杀于萌芽

导致贫困的原因多种多样，癌症等严重疾病便是其中之一。目前，国家虽然已经对建档立卡贫困户的食管癌、胃癌、结肠癌、直肠癌等消化系统恶性

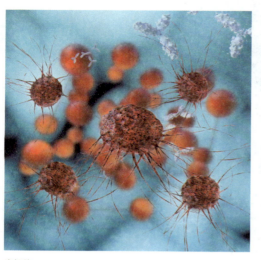
癌细胞

肿瘤大病实行集中救治，但避免罹患重大疾病的贫困户经济破产，仍然是脱贫攻坚工作的难点。按照现有的医学技术，对晚期消化道肿瘤的治疗，不仅周期长，而且医疗费用高。即使贫困患者的医疗费用已经获得了较高比例的报销，但自付的绝对数额仍然比较大，他们难以负担沉重的医疗费用，不得不借贷或者放弃治疗。这笔需要由患者承担的巨款，成为广大贫困群众脱贫道路上最后的"拦路虎"。

消化系统患癌在中国并不鲜见。针对这样的情况，近年来，李兆申率领团队成员，数十次走访甘肃省白银市会宁县、云南省普洱市澜沧拉祜族自治县，以及江西省赣州市、陕西省安康市等贫困地区，大力推广消化道癌症筛查工作。团队通过义诊、健康讲座、技术设备支持、送医送药、学术交流、教学查房、内镜诊疗教学等多种形式，实现医疗帮扶的"带土培育"，切实改善贫困地区困难群众的医疗保障水平。

在这个过程中，团队更是通过推广消化道癌症早诊早治与筛查理念，努力降低群众消化道癌症发病水平，将他们未来可能遭受的身体痛苦、致命威胁和经济损失，都扼杀在萌芽状态。李兆申所进行的这些工作，正是从根本上破解扶贫道路上的大难题——"因病返贫"。

健康扶贫聚焦"老区"

2018年8月20—21日，为弘扬"敬佑生命、救死扶伤、甘于奉献、大爱无疆"的卫生健康精神，在甘肃省健康扶贫工作现场推进会期间，李兆申与另外几位医学专家来到红军会师圣地甘肃省白银市会宁县（红军长征期间红一、红四方面军会师地），与会宁县人民医院共同开展了"情系革命圣地，精准健

李兆申院士实地走访贫困户家庭

康扶贫"活动。他们深入因病返贫建档立卡户中间问诊送药,以"健康扶贫"投身脱贫攻坚的伟大实践。

这是因为,健康扶贫是脱贫攻坚工作的重中之重。会宁县作为中国工农红军在长征中经过,并完成"会宁会师"的革命圣地,传承了红军的宝贵火种,是见证了中国革命从一个胜利走向另一个胜利的红色根据地。然而,作为革命圣地的会宁老区,直到2018年仍然是国家级深度贫困县,有贫困人口6万多,尤其是因病返贫人口,占到了其中的12%。这样的局面,使"健康扶贫"成为会宁县亟须解决的难题。

李兆申在走访中了解相关情况后,深深感动于老区群众的为中国革命作出的巨大贡献,也十分挂念老区群众的健康状况。他决定带领医疗团队,倾力投身会宁县健康扶贫的工作中,为助推老区群众健康水平、医疗卫生人才培养,以及医疗事业发展贡献力量。

活动当日,在结束半日紧张有序的学术活动后,李兆申与其他专家不辞辛劳,冒雨前往该县翟家所镇的郭志华与王建西两位村民家中,实地走访这两个建档立卡贫困户家庭。专家们详细了解了患者的病情、就诊和治疗康复情况,并针对病情提出了建设性治疗及康复方案,还赠送了治疗药物,并鼓励他们要树立战胜病魔的信心,在党和政府的关怀支持下积极就诊治疗,争取早日康复,健健康康地奔小康。同时,李兆申还叮嘱随行医疗工作人员,一定要以困难群众健康福祉为念,贯彻落实好中央健康扶贫政策,不断开拓创新"医联体"服务群众模式,不断为增进人民健康贡献更多医师的力量。

培训医学后备人才
让老区医疗体系能够"造血"

此前，李兆申已经报请中国医师协会批准，与会宁县第三人民医院密切合作，共同成立了中国医师协会青年消化内镜医师教育基地，为今后长期稳定的健康扶贫活动搭建了平台。这个基地的设立，有助于今后更加长期稳定地帮扶会宁老区提高医疗服务水平，降低胃肠癌的高发态势，更大程度地减少"因病致贫、因病返贫"的现象再次出现。它也可以引领广大青年内镜医师寻觅烈士浴血为民的足迹，传承红色基因与长征精神，并将激励更多内镜医师前往会宁县，开展医疗技术"传帮带"，更好地提高会宁县消化道癌症的早诊早治水平。

随着医师教育基地的建立，李兆申院士团队的成员可以通过义诊、远程会诊、医联体构建、专家定期驻点帮带、培训进修等方式，在会宁县开展人才培养、消化疾病诊疗、内镜技术培训、消化道肿瘤筛查等业务。这些合作，使当地消化科学科建设和疾病诊疗水平均有所提升，拓展了"3E"（ERCP、EUS和ESD，即"内镜下逆行胰胆管造影术""超声内镜""内镜下黏膜下层剥离术"的英文缩写，均为消化内镜领域的前沿技术）高新技术的应用，使当地百姓能直接获得优质的医疗资源。

开展医疗技术"传帮带"

当地百姓也在与医疗人员的交流中，提升了健康意识，改变了不良的饮食习惯，从而在一定程度上降低了消化疾病的发生率，避免患病产生经济负担。对于消化道肿瘤来说，早诊早治意义重大。"治未病"的观念，是防止因病返贫的上佳策略。

中国电科 科技小屋

陆军院士正在做科普讲座

陆军院士：
探索科普讲座扶贫之道

　　"扶贫先扶智"早已成为人们的共识，而"扶智"包含了相当广泛的内容，高水平的科普讲座便是其中之一。通过拓宽年轻一代的视野，可以使他们从科研故事和科学家的经历中汲取力量，并对未来充满憧憬。通过科普演讲讲述科学故事，传播科学观念，便是预警机专家陆军院士的扶贫之道。

通过科普演讲的方式
为青年一代注入科学的观念

　　2019年3月，中国工程院院士、中国电子科技集团有限公司首席科学家陆军，来到了陕西省榆林市绥德县，参加"大爱电科——院士科技行"活动。他来到这片贫瘠的土地上，并不是为了解决具体的经济问题，而是要通过科普演讲的方式，为青年一代注入关注科学、热爱科学的观念，为这里储备未来的希望。

陆军是机载综合电子信息系统专家，中国预警机信息系统研制工作的领军人物。他为预警机信息系统的建立和发展作出了突出的贡献，从而使中国在预警机技术领域实现了跨越式发展。这一段独特的科研经历，成为他进行科普演讲的珍贵素材。

这一次来到绥德县，陆军的首要任务是为当地青年干部讲授专题党课，谈责任、绘梦想，共同诠释新时代奋斗者应有的姿态和内涵，激励青年干部干事创业的担当和激情。他来到"绥德县青年大讲堂"，讲授了《以一流网络信息体系为引领，建设世界一流军队》专题党课。

"成功的路都在脚下，幸福是奋斗出来的"，从预警机的研制历程到树立一流的网络信息体系目标；从信息系统支持下的信息化战争到走中国特色的强军之路……陆军结合自身经历，与绥德县广大青年干部分享创新经验，鼓励青年在平凡的岗位上勇于创新，在实际的工作中扎实奋斗。他指出，新时代的万千气象激荡着每一个梦想，新时代的蓬勃朝气激励着每一种奋斗。因此，在逐梦的道路上，我们要高扬奋斗之帆，紧握奋斗之桨，争做新时代的奋进者。

演讲之后，绥德县县委书记李永奇用"精忠报国、创新图强、勇创一流"十二个字分享了自己的感受。他也要求绥德县青年干部们学习陆军的家国情怀，传承并发扬"自力更生、协同作战、顽强拼搏、创新图强"的预警机精神，提高政治站位，永葆进取之心，在实际工作中践行"责任、创新、协同"的工程师精神，为绥德县"打赢脱贫攻坚战"作出应有的贡献。源于军事科研的精神，经由陆军的讲授，被"移植"到基层干部的扶贫工作之中，成为他们挑战难关的动力。

引发同学们对人生进行思考
激发同学们的爱国之情、报国之志

第二天，陆军又来到绥德县四十里铺镇中心小学的科技小屋，为孩子们

陆军院士在科技小屋与同学们交流　　　　　　　　陆军院士在科技小屋与同学们观看科技模型

做科普讲座。这一场讲座的内容，是要与孩子们共同点燃科技梦想，畅想美好未来，激发同学们的爱国之情、报国之志。

"我们国家的第一个'百年目标'，是到建党100周年（2021年）时，全面建成小康社会。包括我们绥德县的每一位孩子，大家都是祖国的花朵，要好好学习、茁壮成长。我们国家第二个'百年目标'，是到中华人民共和国成立100周年（2049年）时，建成富强、民主、文明、和谐、美丽的社会主义现代化强国。此时大家风华正茂，是国家的中坚力量"，在"科技小屋"，陆军开宗明义，鼓励学生们好好学习、不懈奋斗，为国家发展和民族振兴贡献自己的力量。

"世界上极有用的东西是什么？""世界上极有价值的东西是什么？""我们应该怎么做？"在讲座开始，陆军便抛出这三个问题，来引发在场的同学们对人生的思考。

而后，他结合自身的经历，与同学们分享了自己的体会：太阳、地球和空气，我们都在无偿地享用；生命，我们每个人都平等地享有；每个人都有追逐梦想的权利，都要为了梦想不懈努力。院士的演讲令学生们激动万分，他们认识到了今天享有的学习条件的可贵，并决心保持身体健康，积极上进，怀有担当之心，在学习生活中做有意义的事情。

在讲座的最后，陆军为"科技小屋"捐赠了《王小谟传》等励志书籍和相关科技模型。王小谟院士是中国著名的雷达专家，从事雷达研制工作长达50余年，主持研制过中国第一部三坐标雷达等多种世界先进雷达。不仅如此，他还在国内率先发展国产预警机装备，提出中国预警机技术发展路线，构建预警机

同学们正在书写美好的祝愿

装备发展体系，主持研制了中国第一代机载预警系统，引领中国预警机事业实现跨越式、系列化发展，迈向国际先进水平。

捐赠给"科技小屋"的院士传记，为学生们展示了院士们在学术上的传承，以及中国科学界为一个个崇高的目标接力奋斗，老一辈科学家甘当"人梯"的风范。这些由科学家人生经历提供的"身教"，会带给青年一代更为珍贵的启迪。

南志标院士（左一）正在查看
箭筈豌豆的生长情况

南志标院士：
破解青藏高原牧草难题

青藏高原被称为"世界屋脊"，这里高寒阴湿、交通不便，贫困人口较多，是中国脱贫攻坚的主战场。在青藏高原上，草地畜牧业关系着当地人的收益和生存。但牧草的供应量存在明显的季节性差异，成为畜牧业的瓶颈。针对这一问题，南志标院士多年来潜心钻研，给出了破解青藏高原牧草难题的"最佳答案"。这位一生致力于研究草地保护的"草原的儿子"，用自己的学识确保了草原的永续发展，也为牧民们开辟了一条创富的新路。

箭筈豌豆替代天然牧草
缓解牧场"青黄不接"

在青藏高原上，草地畜牧业的收益是当地牧民经济收入的主要来源，仅次于外出打工。但放牧依赖天然草地，青藏高原在夏秋季草料过剩，而冬

草地畜牧业的收益是青藏高原牧民经济收入的主要来源

春季大雪封山，会造成草料短缺。所以，每到"青黄不接"的时节，家畜就会因为食料不足而死亡，影响了草地畜牧业的持续稳定发展。

针对当地的这一问题，南志标院士团队提出，当地需要建立一定规模的栽培草地，尤其是要推广蛋白含量高的豆科牧草。这不仅可以弥补冬春季的草料短缺，而且可以减少天然草原的放牧压力，维持草原健康。因为青藏高原也是长江、黄河和澜沧江这三条著名大河的源头，如果过度放牧导致草场退化，有可能给下游带来不可预料的后果。作为多年来一直研究草场退化问题的专家，南志标给出的解决方案是人工栽种牧草，减少牲畜对天然牧草的使用量。这将能够保护三江源地区的生态功能，也符合国家建设绿水青山的生态文明的政策。

箭筈（kuò）豌豆是一类耗水量比较小的饲料作物，有着草、料、肥兼用的特质，正是南志标眼中天然牧草的替代品。他带领团队，先后育成适宜青藏高原旱作条件，抗逆性强、生长期短、产量高的"兰箭1号""兰箭2号""兰箭3号"这三个春箭筈豌豆品种，为大规模推广创造了条件。

新品种推广为牧民增收

自2011年以来，南志标的团队对这三个品种进行了大规模的示范和推广，累计种植箭筈豌豆新品种41.5万亩，生产种子1.08万吨，生产牧草10.38万吨。与种植传统的青稞相比，种植箭筈豌豆累计为当地居民增收达1.2亿元。

其中，在甘肃省甘南州藏族自治州的夏河县、碌曲县、临潭县，甘肃省武威市天祝藏族自治县、张掖市肃南县等10个乡镇，他的团队累计推广种植箭筈豌豆新品种21.1万亩。在青海省海北藏族自治州海晏县、海南藏族自治州同德县,青海省海东市平安县、海东市民和回族土族自治县等地,他的团队累计推广种植箭筈豌豆新品种3.5万亩。在西藏自治区拉萨市曲水县、山南市贡嘎县、日喀则市拉孜县、日喀则市萨迦县、日喀则市南木林县、日喀则市江孜县、林芝市米林县等地,推广种植箭筈豌豆新品种10.5万亩。在四川省阿坝藏族羌族自治州若尔盖县、红原县,凉山彝族自治州金阳县等地推广种植箭筈豌豆新品种6.4万亩。

2019年3月27日,中央电视台第七套节目《农广天地》栏目,报道了"兰箭"系列箭筈豌豆在西藏自治区的栽培技术,以及在经济、社会和生态效益方面取得的成绩。借助电视节目的传播,更多的人知道了这些化解天然牧草不足的高原饲料作物。

三步推广模式加速技术扩散
让更多人了解新品种

南志标团队的推广模式,是将科研工作者、推广部门和农牧户结合起来,进行接力式的技术传播。第一步,由国家牧草产业技术体系的团队成员,用现场指导和要点讲授的方式,培训各县级草原站的技术人员;第二步,则是由草原站技术人员培训农牧户,以加快技术传播的效率。截至2020年9月,这两级培训体系已经累计举办各类培训班90余次,培训人员4230人次。

第三步,由受培训的农牧户试种。待到他们种植成功并获得比较好的收益后,周边农牧户看到"红利",就会主动种植,并且向受过培训的农牧民学习种植技术。这样一套推广体系,使当地种植箭筈豌豆的面积逐年增加,成为经济收益的主要来源之一。

如今,南志标团队正在加强与当地农业企业的对接,调动企业参与扶贫的积极性,以加快箭筈豌豆的推广速度。同时,他们也积极联系当地政府草牧业管理部门,建议将箭筈豌豆推广纳入"退牧还草"等国家重大工程的范围,给予经费补贴,扩大种植面积。

此外,南志标团队还设计了属于箭筈豌豆的"籽种农业"体系,也就是将

南志标院士正在和当地牧民交流（左三）

选育出的适合青藏高原地区的早熟、高产箭筈豌豆品种，免费发放给甘肃省的贫困县农民种植，并提供栽培技术指导，收获后再按市价回收种子。在这些地方，农民通过出售种子，每亩地平均纯收益750元。目前，团队已经在甘肃省的贫困县建立种子田近6000亩，将收获的种子分发到西藏、青海、四川、甘肃等省份的高原地带，有效地促进箭筈豌豆牧草的推广。

"草原的儿子"充满草业情怀
寻找让草原永续发展的方案

南志标这位一生研究草地保护的"草原的儿子"，用自己的学识确保了草原的永续发展，也为农牧民开辟了一条创富的新路。和草打交道50余年，草原和草业如今已经成了他生命中不可或缺的一部分。这些年来，为了诗中"风吹草低见牛羊"的景象能一直存续，他与团队成员在干旱的黄土高原、高寒的青藏高原、沙化严重的内蒙古大草原披荆斩棘，明确了黄土高原、西北内陆和青藏高原等地区退化草地适宜的休牧年限，还构建了相关治理技术体系，并总结提出了合理的利用方式。

根据这些研究，他的团队建立了分别适用于中国北方牧区、农耕区、半农半牧区的草地农业模式，使示范区草地生产力提高三分之一甚至翻倍，整体接近发达国家的同类草地，实现了土地增产、农牧民增收、环境改善，对推动草地畜牧业技术进步作出了突出贡献，为国家"天然草原保护"等重大工程提供了科学与技术依据。

南志标团队就像构成全国四亿公顷草地的一棵棵小草一样，在脱贫攻坚的伟大事业中，留下了一道充满生机和希望的绿色美景。

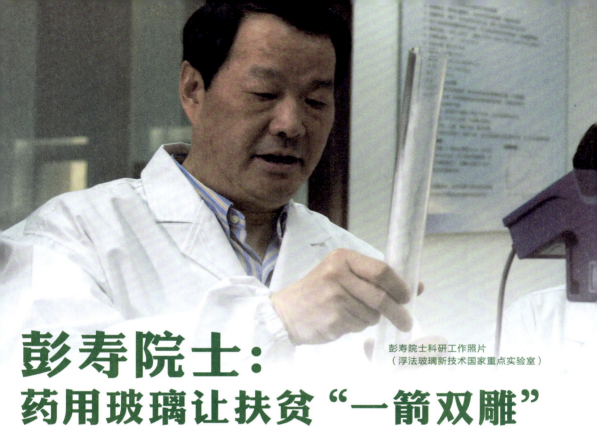

彭寿院士科研工作照片
（浮法玻璃新技术国家重点实验室）

彭寿院士：
药用玻璃让扶贫"一箭双雕"

　　2020年9月15日，站在"中国国际工业博览会大奖"的领奖台上的彭寿院士，背后显示的是一张玻璃管的图片，这就是与"北斗三号"导航卫星、人体肺部气体磁共振成像系统等其他九项重大技术和产品一同获奖的中性硼硅药用玻璃管。这根不一般的玻璃管，是由彭寿带领团队经过了五年技术攻关、实施了200余项技术改造、进行了1000多次技术试验，最终打破了国外垄断，实现了批量化生产。会后在接受采访时，他笑着对记者说道：大家都以为这是一项科研攻关，其实这背后是一个科技扶贫的故事。

为了打破技术封锁
他走入了未知的领域

　　彭寿的研究领域是中性硼硅玻璃，这是一种被国际公认的安全药用包装

中国首支具有自主知识产权的疫苗等注射剂用中性硼硅药用玻璃

材料。在它普及之前，人们曾经使用低硼硅玻璃和钠钙玻璃储存注射液等药品。但这些玻璃的稳定性较差，容易出现脱片、白点、可见异物等问题，引起药品变质和药效降低；如果混入玻璃微粒的药物注射到人体内，会造成毛细血管堵塞、肉芽肿等险情，危害用药人的健康甚至危及生命。根据行业统计数据显示，目前中国每年消耗药用玻璃约35万吨，其中30万吨药品包装仍然采用低硼硅玻璃和钠钙玻璃，而中性硼硅玻璃的占比不到15%，且全部依赖进口。

　　鉴于中性硼硅玻璃的优势和大规模应用的趋势，彭寿早在十年前便开始关注中性硼硅药用玻璃的技术开发和产业化。当时，掌握关键技术的国外公司在法国、印度、马来西亚等地新建或扩建生产线，唯独不在中国建厂，既保持了技术垄断，又实现了供应控制，长期、稳定地赚取超额利润。面对封锁，彭寿深刻地认识到：高端药用玻璃的"技术垄断、价格歧视、供应控制"三大现状，对中国国民用药安全、药品稳定供应和药用玻璃产业升级构成了直接制约。他立志要迅速突破这项"卡脖子"技术，"保障老百姓的健康不贫瘠"！

　　怀着这样的初心，2016年5月，彭寿带领核心团队，开始了中性硼硅药用玻璃项目的攻关。2017年6月18日，项目落地仅短短一年的时间，关键的一号炉成功点火。2017年9月，中性硼硅玻璃管通过国家级权威检验机构——北京市药品包装材料检验所的检测，产品主要技术指标达到国际先进水平，填补了国内空白。2017年11月，一号炉正式投产，年产中性硼硅药用玻璃管5000吨。彭寿的团队突破了技术瓶颈，在中国实现了高品质中性硼硅药用玻璃管的"从无到有"和批量化生产。

　　2020年年初，新冠肺炎疫情暴发，研发疫苗并广泛接种成为人类最终战胜这种新疾病的关键。面对新需求，彭寿带领团队再次成功研发出国内首支疫苗用玻璃瓶，产品获得疫苗研发机构和陈薇院士等专家的充分认可。彭寿的团队还为解放军军事医学科学院等疫苗研发生产机构免费提供1000万只疫苗玻璃瓶，为解除疫情威胁贡献了力量。

科研成果转化助力扶贫
药用玻璃产业成为贫困县的希望

在研制中性硼硅药用玻璃管的过程中，彭寿的团队实施了200余项技术改造、进行了1000多次技术试验，最终才得以打破国外垄断，实现了这种高端医用玻璃产品的批量化生产。不仅如此，中性硼硅药用玻璃管的批量生产，也是一个科技扶贫的故事。因为这项工作，是在国务院国有资产监督管理委员会定点扶贫的河北省邯郸市魏县进行的。

魏县是农业大县、人口大县，也是国家级贫困县。全县有561个行政村、总人口106万，其中贫困村就有143个，贫困人口7万余人，其贫困面之广、贫困人口数量之多，放在全省，甚至全国都是数得着的。这里缺乏高新科技产业，贫困县的"帽子"一戴就是30多年。

2016年春节，时任中国建材集团董事长宋志平拨通了彭寿的电话。两人通话的时间只有10秒钟，电话的内容却已让彭寿等了10年。宋志平在电话中说："彭寿，上次说的药玻（药用玻璃）项目有落地处了，就是国资委定点扶贫的魏县。"彭寿当即回答："好的，我们今晚魏县见。"

中国首支具有自主知识产权的疫苗等注射剂用中性硼硅药用玻璃

当天深夜11点，彭寿就已经身在魏县，与项目各方进行了第一次会谈；第二天，魏县四大班子的主要领导和相关部门负责人齐聚一堂；第三天，相关战略合作协议和建设协议签订……在这个中国人最重视的传统假期，魏县走上了药用玻璃产业铺就的扶贫路。

彭寿深知，科技扶贫的核心，在于科技成果的有效转化。作为掌握充足学术与社会资源的院士，他有义务"把论文写在祖国的大地上"，切实保证科技成果在贫困地区落地、生根、发芽、开花、结果，以促进贫困地区的产业转型升级。只有这样，科技成果才能使群众收入水平得到提升，帮助他们实现脱贫致富。

2017年年底，在国务院国有资产监督管理委员会和中国建材集团的沟通协调下，经过彭寿的多方联络和努力，高端中性硼硅药用玻璃技术成果的产业化在魏县加速进行，凯盛君恒有限公司宣告成立，专注于高端中性硼硅药用玻璃技术成果的产业化。2018年，药用玻璃项目被国资委领导列为中央企业落实精准扶贫的重要项目。2019年，中性硼硅药用玻璃生产项目从2658个央企项目中脱颖而出，获得国资委中央企业"熠星创新创意大赛"一等奖。2020年，国资委郝鹏书记再次表示，药用玻璃项目是扶贫攻坚、"补短板"的标志性项目，企业充分发挥了央企的优势和担当。而魏县也在2018年脱贫"出列"，摘掉了贫困县的"帽子"。

2019年，项目团队实现稳定量产中性硼硅药用玻璃管。2020年，凯盛君恒有限公司成为中国唯一采用国际先进的"全氧燃烧"熔化技术和丹纳法成型工艺，实现5.0中性硼硅药用玻璃管量化生产的企业，在追赶国际一流的进程中取得了里程碑式的进展。但彭寿认为，科技创新永无止境，即使掌握先发优势也不能故步自封。他和团队需要精益求精，进一步提升稳定量产的核心技术。

于是，在进行了20余次的探讨沟通后，核心团队赴意大利、捷克、德国三个国家六大公司，就窑炉设计和拉管工艺开展国际技术交流，联合制订了技术改进方案，实施了120个项目，成功解决了气线、析晶、结石等10余项产品质量问题，使药用玻璃管平均合格率超过60%，2019年单月产量突破200吨，在追赶国际一流水平的进程中，取得了里程碑式的进展。这些成绩，也为下一步继续做大做强产业链，打造区域扶贫"升级版"奠定了基础。

截至目前，药用玻璃项目已累计为魏县建设了超过亿元的产业，贡献利税超千万，解决当地就业超千人，为魏县的脱贫致富开辟了一条产业帮扶之路。彭寿也因此收到了国资委的感谢信。

脱贫并非终点
做大做强药用玻璃产业

2019年年初，彭寿院士在参加国务院国有资产监督管理委员会邢台市平乡县扶贫座谈会时说："魏县尽管摘掉了30多年的贫困县帽子，但我们还会坚持'脱贫不脱钩'，一如既往支持魏县这个药用玻璃基地做大做强，全力从资金、科技、人才等方面加大支持力度，建立院士工作站，签署《产学研合作协议》，推进高端技术研发孵化，助力吸引百亿级上下游产业链聚集，坚持不懈地助力魏县打造中国'药用玻璃之都'"。

如今，在凯盛君恒有限公司的生产车间里，切管、打孔、检查、包装……工人们戴着口罩各司其职，忙碌有序地操作着机器，一片热火朝天的生产景

春节期间加速科研攻关、昼夜连续生产

象。这个极为成功的科技和产业扶贫案例,被国家第三方评估验收组作为亮点写入了报告。

凭着对科技扶贫理念的坚持,2020年9月19日,凯盛君恒有限公司的二号窑炉点火,完成高标准扩产增量,实现中性硼硅玻璃管产能10000吨,同时完成下游产业链延伸,预计年产5亿支疫苗用玻璃包装瓶。与此同时,公司已经在国内的其他城市布局建设或筹建中性硼硅玻璃管的生产线,以期切实改变周边贫困地区就业难、产业弱、经济差的现状。

中国有句古话:"行百里者半九十。"2020年是全面打赢脱贫攻坚战的收官之年,又遭遇新冠肺炎疫情的影响,各项工作难度更大、任务更重。面对这样的艰难时局,彭寿表示:"在脱贫攻坚全面收官阶段,我和我的团队将继续在玻璃新材料的研发攻关中,写好'扶贫文章',坚持科技扶贫'靶心不散''频道不换',将以更大决心攻坚克难,助力'当惊世界殊'的脱贫奇迹,让这根药用玻璃管持续产生扶贫动能、创新动能。"

魏县的药用玻璃,已经走向世界。而洹水之外,脱贫故事还在继续……

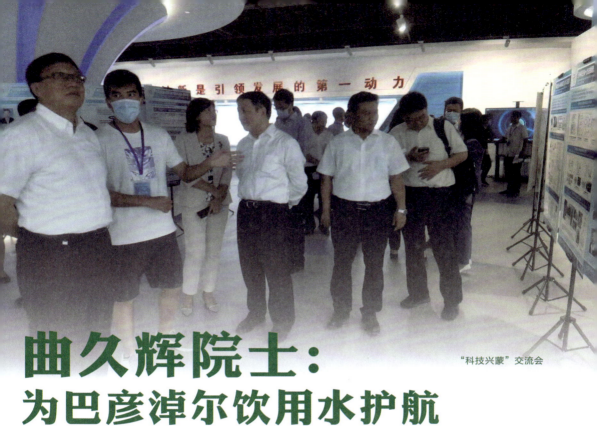

曲久辉院士：
为巴彦淖尔饮用水护航

饮用水被氟、砷等有毒无机物污染，是全球性的重大环境问题，也是人类面临的一大健康挑战。水质导致的残疾和贫穷，成为中国一些地区难以根本脱贫的重要因素。内蒙古自治区西北部的巴彦淖尔市，就一直受到有毒无机物污染水源等困扰。针对这一环境问题，曲久辉院士运用自己多年来的研究成果，提供了清除污染物的解决方案，使当地居民从此可以享用健康、安全的水。

饮用水质面临挑战
不佳的水源成为贫穷的根源

水是人维持生存必需的资源，但并非所有人都能得到洁净的水。目前，全世界分别有近1.4亿人和5亿人在饮用砷、氟超标的水。在中国，饮用水砷、氟污染同样也是广泛存在的问题，近2000万人可能因饮用水而受到砷的毒害，7000多万人饮水氟超标。由于长期饮用砷、氟等有毒无机物超标的水，中国有不少地区出现砷中毒、氟中毒等疾病发病率较高的现象，成为中国欠发达地区饮水致残致贫、难以根本脱贫的重要因素。

但是，不少贫困地区的饮用水源就含有砷、氟等有毒无机物。而且，当地由于技术缺失，难以长期稳定地保障饮用水质安全。饮用水的品质问题，成为制约相关贫困地区实现根本脱贫的瓶颈。

位于内蒙古自治区西北部的巴彦淖尔市就是一个典型的例子。该市受自然地理和环境地球化学条件等影响，地下水源存在大范围氟、砷、铁、锰等污染物单一或共同超标的水质问题。国家先后投入大量专项经费，用于该地区的农村改水工作，但仍然未能很好地解决水质问题。例如，巴彦淖尔市杭锦后旗曾对辖属砷、氟污染地区进行改水，并建设大规模一体化供水管网，但由于水源水质欠佳，改水之后集中供水站出水的氟浓度仍在1.5毫克/升以上。

此外，更换水源后存在的砷、氟浓度"反弹"现象也不容忽视。2000年前后，巴彦淖尔市曾进行较大规模的农村改水工作，但不少水井使用数年后出现"反弹"现象。更为严重的是，这些地区表现出明显的砷、氟共存污染特征。在某些村镇的地下水中，砷、氟浓度甚至分别高达每升0.35毫克和2毫克以上！因此，创新建立适合饮用水，除砷、除氟和其他共存污染因子的关键技术和应用工艺，对于保障当地居民身体健康、避免饮水致残致贫具有重要意义。

2018年，巴彦淖尔市疾病预防控制中心对全市农村及村镇供水系统和饮用水质进行了全面摸底调查。调查结果显示，全市共有30多座水厂存在水质不合格问题，绝大多数为砷、氟与其他污染因子共存，处理难度极大。上述水厂共涉及服务人口近33万人，其中登记在册的贫困人口超过10万人。

因此，如何筛选高效、经济、可行的除氟、除砷技术进行水质净化，确保水质达标和长期稳定运行，成为当地疾控中心、水利部门面临的重要难题。而在当时，国内外缺乏针对类似复杂水质条件的有效技术支撑，也没有解决类似区域性水质难题的成功范例。

全新技术去除污染
成为解决难题的唯一办法

巴彦淖尔市政府和自来水系统设计单位经多方了解，得知中国工程院院士曲久辉领导的科研团队，长期开展饮用水砷、氟等特殊污染物控制的研究和技术开发工作，在国内外享有盛誉。

为此，由巴彦淖尔市水务局牵头，区旗县有关部门领导一行专程前往北京拜访曲久辉，就巴彦淖尔脱贫攻坚和饮用水安全保障请求技术支援。曲久辉向来访一行介绍了团队在该技术领域开展的基础研究、关键技术开发、应用示范和工程化推广方面的成果和案例，并表示将举团队之力，用科技手段设法改善当地的饮用水水质，为国家脱贫攻坚贡献科技力量。

为了让巴彦淖尔有关领导和技术人员对核心技术有深刻理解，曲久辉还安排团队技术骨干，陪同访问团前往内蒙古自治区通辽市等地参观示范工程，请当地水厂运行管理人员对技术使用成效、工艺稳定性、技术经济性等进行详细讲解，帮助访问团获得了更为直观而深刻的认识。

由于项目涉及的水厂数量多、位置分散、水质复杂，前期水质和工程条件的摸底工作量极其繁重。曲久辉亲自组织包括技术骨干、试验人员、设计人员和实施人员组成专门工作组，前往每个水厂开展详细的现场调研、水样采集、数据分析、小试、中试等工作。而后，他带领团队结合近20年的研究开发、工程应用和运行经验，同时考虑当地人口分布状况、现状经验、农牧民接受程度、后续维护运行等因素，与恩科水环科技 (北京) 有限公司的技术人员一起，针对各个水厂提出了适配工艺，提出了解决饮水型砷、氟超标问题的综合解决方案，得到了设计院和主管政府部门的高度认可。

项目核心工艺采用曲久辉团队研发的新型复合氧化物"氧化−吸附"材料和"一步法"除砷、氟专利技术。这项技

除砷、氟核心装备

工程建设过程

术历经近20年的研发，技术成果获得中国、美国和欧洲等30余项发明专利，形成了包括药剂、材料、装备、工艺包、工程化方案等全链条的具有自主知识产权的技术系统，已经在国内数十个饮用水除砷、除氟，以及流域砷污染治理等重要工程中得到成功应用，开创多项工程的先例。相关技术成果入选水利部、住建部和科技部主持编制的设计规范、技术指南或先进技术汇编，具有很好的学术影响力和行业影响力。

这项技术以安全价廉的铁、锰、铝等金属氧化物为基础，通过金属氧化物之间的复配与组成配比优化，形成复合金属氧化物除砷、除氟材料。新型除砷、氟吸附剂可以灵活地应用于不同类型的除砷、氟工程（或同时除砷、氟工程，同时除砷、铁、锰工程等）中，满足不同处理规模、水质、供水模式等工程的需求。这项技术不仅可用于新建除砷、氟供水工程，也可在现有供水系统的基础上，进行强化除砷、氟工程改造。

在相同原水及出水砷、氟浓度条件下，这项技术的再生周期是常规吸附剂实际吸附周期的8～12倍；再生操作过程简单，再生操作时间是常规吸附技术的1/4～1/2。这项技术能长期持续保持良好的除砷、除氟能力，吸附剂更换周期是常规吸附剂的5倍以上，因此投资成本与运行成本相比其他除砷技术要低30%。

"一厂一策"保障运行
使人们得享安全的水

确定技术方案之后，全新的水处理设备在巴彦淖尔市砷、氟污染严重的地区陆续建成。一套砷、氟处理单元，主要包括平衡池、提升泵、加药系统（吸附药剂配制及投加）、多相吸附反应器、接触过滤器、反洗泵、污水池等组件。原水经取水井提升至平衡池，进行水量调节，利用提升泵将水带压进吸附反应器，同时投加复合金属氧化物除砷、氟药剂。而后，水中的砷、氟及铁、锰等物质，在吸附反应器中与药剂发生原位吸附反应，出水进入接触过滤器，将杂物与水分离，从而使出水达到除砷、除氟的标准，确保出水水质全面达到国家《生活饮用水卫生标准》（GB5749-2006）的要求。

此外，考虑到当地运行管理水平、设备运行、药剂材料配送等后续长期运行问题，曲久辉团队的研发人员和恩科水环科技（北京）有限公司的设计团队，共同提出了标准化、模块化、系列化的全过程设计思路，极大地缩短了工程建设和运行调试周期，显著降低系统加工、安装和长期运行复杂程度。最终，由恩科水环科技（北京）有限公司作为工程实施团队，负责核心设备制作、工程建设和后期维护培训服务等工作。工程建设完毕后，项目组组织开展"一厂一策"的精准调试运行和培训，确保当地运行管理人员可以熟练地操作运行，保障工程实施效益。

经过半年的运行调试，相关水厂出水的各项指标均达到国家规定饮用水标准。这项工程的顺利实施，成功地保障了当地饮用水的水质安全，对圆满完成脱贫攻坚任务具有重要意义，成为解决区域性饮水安全难题、科技扶贫

建成后的水厂内部图

建成后的水厂外观图

的典型范例。

　　目前，曲久辉的团队还在继续研究去除饮用水中特殊污染物的方法，以及控制健康风险的方案。他结合内蒙古自治区和其他省份广泛存在的碘化物、硝酸盐等污染物的控制难题，开展有针对性的科研攻关、技术示范和工程应用等工作。在巴彦淖尔市取得成功的除砷、降氟新技术，还应用于内蒙古自治区通辽市、宁夏回族自治区石嘴山市等数十个欠发达地区的农村和城市改水工程，惠及人口超过百万。此外，目前已经立项的西藏自治区昌都市的宗通卡水利枢纽工程，也使用了曲久辉的科研成果，化解含砷泉水汇入和砷污染水源的风险，为昌都市的脱贫和经济社会发展贡献力量。

　　曲久辉也在用自己的科研工作，为"一带一路"构想助力。目前，他的团队正在孟加拉国、尼泊尔等国，开展以自主知识产权为核心的技术输出。为欠发达国家和地区保障饮用水的安全，为建设"人类命运共同体"贡献来自中国的科技力量。他的这些研究和技术推广工作，将使中国农村地区乃至周边国家的饮用水越来越安全。

白求恩公益基金会骨科基层教育
委员会合影

邱贵兴院士：
传承白求恩的事业

我们都很熟悉加拿大医生诺尔曼·白求恩的事迹。他在抗日战争期间来到中国，对八路军伤员进行救治，直至不幸因病离世。为了继承与弘扬国际主义战士白求恩的伟大风范和高尚情操，白求恩公益基金会致力于在医疗健康领域构建公益慈善平台，广泛开展帮扶弱势群体及宣传普及健康知识等爱心公益项目。作为基金会的理事长，邱贵兴院士积极调动优质医疗资源，开展面向贫困地区的科技扶贫，使更多的人免于因为疾病而陷入贫困。

优质资源"下沉"基层
身患重病的贫困人士得到了救治

"科技扶贫"是将扶贫工作由单纯的救济式扶贫，转向依靠科学技术的开发式扶贫。提升贫困地区的医疗服务水平，避免人们因病致贫或返贫的

"健康扶贫"，也是科技扶贫的一部分。

2015年9月，邱贵兴院士担任白求恩公益基金会的理事长。开辟公益事业，是他担任理事长的初衷。经过五年的公益实践与沉淀，他从患者、医生、机构、社会各界的医疗健康诉求中，挖掘、总结、提炼出符合白求恩公益基金会自身优势、特色的公益健康扶贫模式，致力于细分、精准地促进提升基层医疗水平、开展公益活动，惠及更多患者。

白求恩公益基金会的公益项目，包括了多种不同的类别。"公益捐助项目"是以提供药品、医疗器械、资金等资源，对医疗机构进行直接援助的公益项目。"健康促进项目"是组织开展各学科专业学习与培训、义诊查房及远程指导、患者教育等形式的基层公益活动，也包括组织专家学者编写出版健康科普读物，传播普及医药卫生、健康教育与管理等知识。"学术交流项目"是组织并支持基层医生参加国内培训、交流及各种学术会议。医学研究项目是资助、支持各学科的科研项目，涵盖了医学基础研究、疾病筛查、临床研究、医学大数据、循证医学研究、智库建设等医学领域。"公益践行项目"是组织、策划并参与符合基金会宗旨的社会公益活动。"公益发展计划项目"，则是综合匹配各种项目类型，助力医学学科发展，打造基金会的品牌项目。

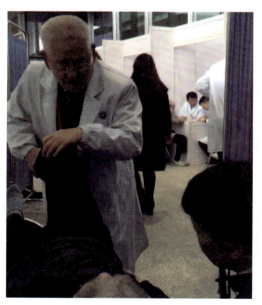

邱贵兴院士正在询问患者情况

在邱贵兴的带领下，白求恩公益基金会目前已经成立了骨科、足踝、关节、基层教育、微创脊柱、糖尿病学、心脏外科、运动医学、血管外科、风湿免疫、血液病、儿童健康、麻醉与镇痛、输血、肝胆、整形修复损伤、介入诊疗、影像诊断等25个专业委员会，拥有2000余名专家的庞大人才库。

基金会工作的开展不仅需要专家情怀，还需要依靠社会力量、企业支持。邱贵兴携手一切具有大爱、热衷公益的仁人志士，自2015年成立基金会至今，共募捐数亿元。利用这些善款，白求恩公益基金会让基层的贫困患者得到救治。

"拥军、助残、扶贫"是邱贵兴团队的服务宗旨。邱贵兴联合骨卫士医生集团，共同发起"关爱骨骼——白求恩·骨卫士全国骨病专项

专家义诊

救助公益行"，这是一项典型的面向基层的健康扶贫行动，救助的对象主要包括军属、军烈属、残疾人士、贫困及低保人群等，针对关节、脊柱、创伤等骨病进行诊疗。

在白求恩公益基金会的协调下，这项公益行动联合了50余名骨科专家，针对1000名严重骨病患者捐助500万元。项目专家团成员由北京协和医院、北京积水潭医院、北京大学第三医院、北京大学人民医院、解放军总医院、河北医科大学第三医院等知名医院的权威骨科专家构成。这项公益行动成功促使了优质医疗资源下沉，提高了基层医疗卫生服务水平，满足了基层骨病患者对医疗技术服务的需求，让贫困骨病患者重拾健康。

另外，邱贵兴带领团队常态化地开展多学科基层行活动，年年坚持，月月行走。通过医生培训、义诊等活动，他们把先进的医疗技术和理念带到边疆及偏远地区。几年来，白求恩公益基金会的工作，已经覆盖了国务院扶贫办公布的特殊困难的12个地区，他们走遍了全国31个省（市、自治区），帮扶基层医生5万人次，行程达30余万公里，开展1000多场活动，义诊患者3余万人。

专注脱贫精准帮扶
定向帮助深度贫困地区

2020年是全面打赢脱贫攻坚战的收官之年，也是全面建成小康社会目

标的实现之年。打赢脱贫攻坚战的重点是"三区三州"（"三区"是指西藏自治区，青海、四川、甘肃、云南这四个省份的藏区及新疆维吾尔自治区南部的和田地区、阿克苏地区、喀什地区、克孜勒苏柯尔克孜自治州；"三州"是指四川省凉山彝族自治州、云南省怒江傈僳族自治州、甘肃省临夏回族自治州），湖南省与江西省交界的罗霄山脉贫困地区，以及2020年初深受新冠肺炎病毒影响的湖北省。为了确保脱贫攻坚目标顺利完成，国家号召各个慈善基金会，主要专注上述深度贫困地区的脱贫攻坚任务。

在国家发出号召之前，邱贵兴就已关注深度贫困地区的扶贫工作。2017年，他的团队赴新疆维吾尔自治区和新疆生产建设兵团开展扶贫工作；2018年，他的团队赴甘肃省临夏回族自治州开展扶贫工作；2019年，他的团队赴西藏自治区及四川省藏区、凉山彝族自治州开展扶贫工作。连续三年他们成功承办了中央财政支持、社会组织参与的社会服务项目，以及政府其他项目。这些工作共募集600余万元善款，并带动全国优秀的骨科医生团队来到深度贫困地区，累计免费为脊柱畸形患者进行手术矫形56例，义诊3000余人，并与1000余名基层医生面对面进行学术交流。这些公益行动，获得到了社会的好评。

"白求恩·卓越先锋骨科学院"项目，就是邱贵兴将健康扶贫与骨科专业相结合，号召白求恩志愿专家团队走向基层，结合基层实际需要提出的。截至2019年年底，这一项目覆盖12个省份，行程近6万公里，参与组织志愿医生250余人次，义诊3000余人次，涉及基层医生2500余人。通过整合志愿专家、项目医院、爱心企业，在基层医院开展学术交流、义诊、会诊、查房、手术指导等一系列活动，一方面向当地患者宣讲疾病预防、治疗、预后等方面的知识，解决患者的实际困难；另一方面通过对基层医生进行专业技术知识的传授，让他们掌握为患者服务的技能，通过"TTT"（Teaching The Teacher）活动，让基层医务工作者学会了如何演讲、如何制作幻灯片、如何传递知识，为基层"留下一支支不走的医疗队"，以造福更多患者。

2020年年初，新冠肺炎疫情暴发，武汉成为全国的"震中"，医疗力量一度告急。这种传染性极强的疾病引起的经济停摆，成为脱贫攻坚战面临的难题。面对疫情，邱贵兴及白求恩公益基金会积极响应、主动请缨，发挥医学专业特长，整合优势医疗资源，高效、及时地开展了十大战"疫"行动。他们的工作不仅为疫情早日平息助力，也间接帮助了国家尽快重启经济。

基金会投入新冠肺炎疫情项目的公益资金规模达800余万元，用于扶助接受血液透析的受

白求恩公益基金会医用外科口罩捐赠仪式

感染医护工作者，购买防护物资缓解抗疫一线医护人员长时间穿戴隔离衣的痛苦，以及远程会诊、运送物资、康复患者血浆捐献等项目。基金会还组建了一支由12个省市25家医院组成的非公立血液透析医疗队，支援了武汉市红十字会医院、第四医院、第八医院、雷神山医院，承担了大约30%需要透析的患者的治疗任务，并做到零失误、零感染。基金会还接收了北京纳通集团捐赠的100万只医用外科口罩，经过坎坷的沟通联络，捐赠到国内多家医院和相关单位，以及美国、加拿大等，得到了国内外的广泛好评。

待到国内疫情逐渐平息，白求恩公益基金会的工作也逐渐回归常态。在邱贵兴的带领下，基金会于10月17日在江西省南昌市启动了"'脊'予希望'柱'力健康——白求恩·湘赣鄂公益行"项目，帮助罗霄山脉贫困地区患有脊柱畸形或脊柱退变，以及需要进行手术治疗的低保、低收入患者，由全国知名脊柱外科专家为他们提供免费的手术治疗技术指导，由基金会提供援助，补贴患者基本医疗保险报销比例之外的费用。

设计符合基层需要的方案
从源头缓解医疗资源的紧张状态

邱贵兴非常关注基层医生的临床科研水平。这种科研水平，不是唯SCI、

唯核心期刊论文发表数量的指标考核，而是期望基层医生在临床诊疗过程中，将遇到的困惑和产生的奇思妙想，通过科研的手段转化成造福患者的器械或产品。

为此，基金会于2016年12月与山东冠龙医疗用品有限公司，共同设立了"白求恩·脊柱病理性骨折椎体强化治疗专项基金"，资金总额达300万元。这项基金旨在促进基层医生加强对脊柱病理性骨折椎体强化治疗的深入研究，发挥椎体强化术治疗脊柱病理性骨折的作用，提高基层医生诊治脊柱病理性骨折椎体的水平。该专项基金的设立，使参与的基层医生得以开拓临床科研思路，取长补短，携手共进。

考虑到基层医疗资源紧张的现状，邱贵兴在中国首次提出了"加速康复"（ERAS）的理念，引领全国专家制订发表了《中国髋膝关节置换术加速康复围术期管理策略》《中国脊柱外科手术加速康复围术期管理策略专家共识》等16项专家共识。2018年11月，在他的倡导下，白求恩骨科加速康复联盟成立，随后成立了云南、四川、广西、江西各省联盟，已经有1000余名骨科专家、500余家医院加入白求恩骨科加速康复联盟。这项举措，进一步推广了骨科加速康复理念。

ERAS的概念绝不仅限于缩短住院日，它包含了丰富的内涵，是医者仁心、以人为本的具体实施。邱贵兴通过在基层和欠发达地区推广ERAS理念，提高了基层医生以患者利益为重的认识。他与基金会将先进的围术期管理方案，如"无血无痛病房"，带到了基层医疗单位，扩大了对资源的有效利用；基层医生理解了加速康复的重要性，减少了治疗对患者的损伤，降低了患者的痛苦，提高了手术的疗效，从而造福基层百姓。

邱贵兴不仅在科技扶贫的道路上坚持不懈，而且投身公益事业。他的团队走遍了各个深度贫困地区，默默地做着扶贫的先导者、执行者、实践者，开展医师技术培训、义诊、复杂手术指导等技术扶贫，为基层医院的医师带去技术，提升他们的专业能力；为贫困患者实施了多项免费手术，不仅减轻了他们的痛苦，而且减少了他们的经济压力。如今，地方政府和医院只要听闻白求恩公益基金会的义诊团队到来的消息，无不欢欣鼓舞。他们的义举，正在使不计其数的患者摆脱病痛的折磨。

1987年，贞芪扶正交流会在西安召开

孙燕院士：
以"扶正中药"
疗愈"苦甲天下"

在临床上，具有补气滋阴功效的中药被称为"扶正中药"。甘肃省定西市位于甘肃中部，是贫困地区，却适合种植扶正中药。中年时期，孙燕响应党的号召，来到定西市投身于基层医疗建设。多年之后，他又带着以中药调控癌症患者免疫机能的研究成果返回故地，用自己的研究成果，助力当地的脱贫事业。

特殊年代与定西市结缘
影响了他后半生的轨迹

1970年1月，41岁的孙燕响应党的号召，成为甘肃医疗队的一员。他带着全家来到甘肃省定西市，在地区医院内科和儿科工作了两年多。2012年春

1984年，孙燕（左四）访问定西制药厂

节前，孙燕获得"感动甘肃，十大陇人骄子"特别奖，已经是中国工程院院士的孙燕作为代表，接受了甘肃人民的最高嘉奖。现场颁奖嘉宾叫苟敬燕，正是当年被孙燕从死亡线上拉回来的患者——那个一个月大时因为患肺炎而生命垂危的婴儿。于是，苟敬燕用自己的名字来铭记孙燕的救命之恩。

这样的安排，令孙燕动容。但时隔多年定西市依旧贫困的现实，也让他深受震撼。他下定决心，为"第二故乡"寻找致富之道，以报答当地人民的厚爱。

发现"扶正中药"的独特功效

孙燕的策略，是将他对扶正中药的研究与扶贫工作结合起来。1972年5月，孙燕调回北京，回到了原来的工作单位。当时，细胞免疫是临床肿瘤学领域研究的热点之一。孙燕与张友会教授开始对肿瘤患者的细胞免疫功能进行探索，并将"扶正中药调控免疫功能"作为重点研究课题。

同时，孙燕和余桂清等几位中西医结合的同道组成了协作组，开展有关扶正中药增强和恢复肿瘤患者细胞免疫功能的研究。通过观察，孙燕与合作者成功确定，扶正中药能促进

正常细胞与癌细胞的对比

肿瘤患者细胞免疫功能恢复，并具有减轻化疗、放疗的不良反应，保护肾上腺和骨髓的功能。1981年，这篇论文在《中国医学杂志》发表，受到了医学界的广泛重视。

那时，孙燕已经在美国安德森癌症中心（MD Anderson Cancer Center），与美国同行开展扶正中药调控肿瘤患者细胞免疫功能的实验研究。他和美国同行反复实验，证实了传统中药中的黄芪、女贞子、芦笋、仙灵脾等可以促使患者免疫功能的恢复，抑制肿瘤患者过多的T抑制（Ts）细胞的活性，并具有减轻化疗、放疗的不良反应，保护肾上腺和骨髓的功能。

1982年，孙燕回国，经过近一年的努力，于1983年8月30日至9月3日，在北京召开了"国际免疫学和中医中药会议"。参会的包括来自美国国家癌症研究所（NCI），日本及中国港台地区的代表及媒体共300余人，引起了国际肿瘤学界不小的"震动"。《美国医学会杂志》针对这次会议，还发表了颇具"中国风"的专题评述。这次会议及国内外媒体的报道，在一定程度上掀起了国际肿瘤学界对中药治疗癌症患者相关研究的热潮。

其后，孙燕通过临床试验证明，服用扶正中药辅助放射、化疗应用，能够提高患者的远期生存率；扶正中药也能治疗慢性萎缩性胃炎等胃癌的癌前病变。另一位中国工程院院士侯云德通过研究发现，扶正中药中的黄芪能诱导干扰素产生，具有抑制病毒的作用。

基于这些研究开发的"贞芪扶正颗粒"，于1985年通过评审正式上市，迅速畅销国内外。贞芪扶正胶囊和颗粒已进入中国基本药品名单，并入围"2019年科技竞争力中药大品种"，排名第62位。孙燕的这些研究成果，他也曾在美国、日本、德国、法国、瑞士、泰国、马来西亚、韩国、新加坡等国召开的国际会议上报告过。在1996年的第63次香山科学会议上，"贞芪扶正"被认为是中国肿瘤学领域应用现代科学从事传统医学研究的典范。

转让研究成果扶持药业
中药产业创造的价值与农民分享

对扶正中药的研究，使孙燕成为医学界的知名专家，但他并没有因此忘记定西市的贫穷。第一次来到定西市，他就发现，定西市虽然土地贫瘠、资源匮乏，却盛产道地中药材。特别是地处洮河上游的岷县，自古就有"千年药乡"之称。他还记得，20世纪70年代，当地农民像卖马铃薯一样，挑着担子在集市上叫卖黄芪、当归、党参、甘草等中药，以此赚取微薄的收入。

但当地农民却难以通过中药致富，这样的局面令孙燕痛心。回到北京以后，定西市恶劣的自然环境、落后的农业生产、缓慢的经济发展、贫困的生活等景象一直萦绕在他的心头。

孙燕带领团队起初从定西市购买优质的黄芪、党参，后来由于需求量增大，从1978年起便请定西制药厂代理加工。当时，定西制药厂还是一个只有100人左右的小厂，只能生产大输液（大容量注射液）和为数不多的中成药。制药厂党委书记姚永福因为母亲曾经是孙燕的患者，他全力以赴协助生产被称为"扶正2号"的冲剂。孙燕的团队不但把处方和制备的方法交给了他们，还指派药师赴当地进行指导。药物制成后，姚永福亲自押车，用了三天时间将产品从定西市送到北京市，满足了广大患者的需求。

在孙燕带着"贞芪扶正"的科研成果来到定西市后，甘肃省委、省政府决定，利用定西市盛产中药材的优势，充分利用资源，因地制宜，以科技手段为先导发展制药产业，打造甘肃省的拳头产品、品牌产品，把定西市发展成中国西北地区集医药科研、生产、销售的基地。同时决定，聘请孙燕为经济顾问，由管理部门牵头，配合孙燕的团队和定西制药厂完成专家鉴定。1985年，贞芪扶正颗粒（冲剂）正式投产，很快打开了市场。

黄芪

药厂及时采纳了孙燕团队的建议，不但有了新产品，而且是在中国首创问世的产品。仅用了一年多的时间，一个濒临倒闭的药厂便枯木逢春、起死回生。欢欣鼓舞的药厂职工对孙燕交口称赞："从北京来的名医不但给人看病有回天之术，给企业'看病'也有回天之术。"

为了定西制药厂的发展，孙燕带领团队进行了充分的市场调查论证，经过精心筹备，孙燕与甘肃省有关部门和药厂领导，亲自组织、主持，从1986年开始，连续三年在兰州、西安、北京召开有国内外专家、教授参加的全国扶正临床应用经验交流会。这

2001年，孙燕院士在定西市为扶正药业做论证

些举措，极大地扩大了"贞芪扶正"药物的影响。由于这些药物的临床效果和

2014年，孙燕院士铜像揭幕并与当地领导合影

2019年，甘肃扶正药业全景

独特的医疗应用，其得到了医学界与患者的肯定和欢迎，从而提升了药厂扶正冲剂产品的销售量。

经过40多年的发展，定西制药厂做大、做强了。定西市的名字因为这家药厂，被国内外逐渐熟知。贞芪扶正系列产品已经成为甘肃省的特色药物，进入全国医保目录，并在国内外畅销。2002年，定西市决定在巉（chán）口镇建立新厂。2004年，定西制药厂经过股份制改造，成为"甘肃扶正药业科技股份有限公司"。时至今日，它仍然是定西市的支柱产业，也是第一纳税大户。截至2019年年底，扶正药业注册资本14478万元，资产总计15.59亿元，银行信用达到AAA级。2019年，它实现销售额3.52亿元，利税总额8414万元，再加上与药厂对口的药材种植园（种植基地）的建立，成为定西市脱贫的重要影响因子。

"吃水不忘挖井人，幸福不忘引路人。"定西市为了记住孙燕的"丰功伟绩"，2014年10月12日，在陇药博物馆隆重举行了孙燕雕像的落成典礼，并满怀深情地称他为"扶正之父"。2019年，扶正药业又成立了院士工作站，孙燕参加了挂牌仪式；它在北京筹建的"扶正肿瘤国际医院"也正待开业。

曾经贫困的定西市，凭借扶正中药最终走出泥淖。脱贫的伟业，正是得益于科技的助力，方能从涓流变成大海！

谭天伟院士：
探索沙漠农业节水之道

谭天伟院士（左五）正在实地考察

在沙漠中，水无疑是最珍贵的资源。而在我国西部的沙漠地带周围，缺水是农业增产的瓶颈，新疆维吾尔自治区阿拉尔市便是这样一个地方。为了减少缺水对当地支柱产业的影响，来自北京化工大学的谭天伟院士提供了以现代化科学技术实现节约用水，并且减少化肥使用量的解决方案。

沙漠农业面临挑战
扶贫攻坚保水先行

金秋九月，在如雪海般的棉花田旁，点缀着一棵棵硕果累累的红枣树。丰收的喜悦，洋溢在每位阿拉尔市塔门镇村民脸上。在塔门镇，谭天伟率领团队，已经为这里的农业摆脱水资源匮乏的桎梏，连续奋战了三个年头。

阿拉尔市位于新疆维吾尔自治区阿尔苏地区境内，是自治区直辖的县级市,由新疆生产建设兵团管理。兵团第八团所在的塔门镇,以农业为支柱产业。当地农民的主要收入,源于种植棉花和枣树这两种经济作物。但塔门镇地处塔克拉玛干沙漠北缘,是南疆典型的干旱地区,属暖温带极端大陆性干旱荒漠气候。这里常年少雨,蒸发量大,缺水成为发展农业面临的最大挑战。

为了解决这一问题,塔门镇曾推广了精准灌溉、地膜铺设、膜下滴灌等技术,但种植棉花和枣树的农田,依然遭受荒漠化的威胁。农业生产用水的供应,成为本地区农业可持续发展的重要制约因素。此外,过度使用化肥、不合理使用农药等问题广泛存在。这些问题不仅导致化肥利用效率不高,造成了浪费,还造成了土壤板结、土壤质量恶化、地下水被污染、水体富营养化等严重的环境生态问题,进一步削弱了当地提升农作物产量的潜力。

针对以往的失败经验,谭天伟想到了保水剂。这是一类吸水能力特别强的功能性高分子材料,可以迅速吸收大量的水和肥料,再缓慢地释放出来,如同布置在土壤中的"超微型水库",同时还能防止化肥过量施用。2017年,谭天伟带领由曹辉、魏军、赵俭波等多名科研工作者组成的团队来到塔门镇,就推广利用保水剂的问题进行实地考察。团队成员与当地村民一起摸爬滚打,找出当地"卡"农业产量的技术难题,再一一攻克。

富营养化的水体会变得五彩缤纷

可降解的保水剂
赋予土壤"异能"

经过研究,谭天伟选择了聚氨基酸保水剂和肥料增效剂。围绕聚

谭天伟院士听取有关花吐古拉工业园区总体规划的介绍

氨基酸保水剂及肥料增效剂这一核心技术，他设计了多项有针对性的改良实验，并且结合农业部提出的"一控、两减、三基本"（控制农业用水总量和农业水环境污染；化肥、农药减量使用；畜禽粪污、农膜、农作物秸秆基本得到资源化、综合循环再利用和无害化处理）的目标进行技术推广，缓解了当地因水资源短缺和化肥过量使用带给农业的各类问题。

聚氨基酸类保水剂和肥料增效剂属于绿色化学用品，不仅生产过程绿色，没有"三废"排放，在施用后还可以在自然环境中降解。它们被自然界微生物分解之后的代谢产物，不仅无毒无害，还可以被农作物吸收，成为农作物生长的营养元素。在不影响农作物正常生长的情况下，保水剂可以减少用水5%~20%，肥料增效剂能够减少化肥使用量7%~25%。

谭天伟遵循着稳步前进的科研策略，探索聚氨基酸保水剂及肥料增效剂的最优使用方案。2017年在试验开始时，棉田试验面积仅为10亩，枣园试验面积也仅有3亩。他的团队在田地中挖出有一定距离的沟，以便加入保水剂后填土。虽然每亩土地中只加入了5公斤保水剂，但效果却相当显著：棉田节水5.2%，且未出现减产；枣园节水达9.1%，且单果增重5.3%，红枣品质也得到提升。

科技"对冲"自然灾害
经过改造的土壤保护了作物

2019年，谭天伟带领团队在以往试验的基础上，进一步扩大了棉花及枣树的种植面积，棉花90亩，枣树240亩。通过联合本地科研单位及农业部门进行科技攻关，团队明确了聚氨基酸的降解机理，以及对土壤微生物的影响规律，在不额外增加设备和劳动力的情况下，成功解决了保水剂及肥料增效剂的施用问题。

这一年，新疆多地遭遇极端天气，阿拉尔区域也受到影响，主要经济作物棉花、枣树与历年相比，其产量与品质均有大幅度下降。幸运的是，加入土壤中的保水剂和肥料增效剂，不仅帮助农民减少了水和肥料的使用量，为他们节约了生产成本，而且成功地发挥了"缓释"的作用，为作物营造了稳健的生长环境。

如今，谭天伟的团队已经在塔门镇成功地建立了涵盖200亩农作物和100亩果木作物的节水示范基地，以及由100亩农作物和100亩果木作物共同组成的"减肥"示范田。三年来，团队不惧风雨，勇挑重担，真正让高校科研助力脱贫攻坚在塔克拉玛干沙漠北缘落地生根，在农业生产的节水"减肥"、保水剂应用、肥料增效剂生产等多个环节，树立了良好的试验、示范、推广典范。

棉花种植园

院士和专家们的努力，使塔门镇成为远近闻名的集节水"减肥"、保水剂应用、肥料增效剂试验于一体的生产应用示范基地。如今，镇里全部村屯都乐于使用谭天伟团队研发的聚氨基酸保水剂及肥料增效剂，使农田创造更高的经济价值。村民的小康之路因此也越走越远、越走越宽。

唐启升院士（右四）在高海拔哈尼梯田"冬闲田"测产现场

唐启升院士：
稻渔综合种养，
让财富"循环起来"

在云南省的山区，哈尼族人开垦了适合山地种植的梯田。但进入现代社会，梯田的生产效率逐渐降低，只有搭建起稻渔综合种养的循环农业体系，才能为农民创造更多的财富。研究水产养殖业的学术背景，带给了唐启升院士看待这个问题的全新视角。他与水产领域的科研人员密切合作，为哈尼梯田在现代社会的复兴找到了途径。

古老的农作方式
需要现代科技加以"升级"

云南省红河哈尼族彝族自治州红河县位于中国西南边陲，集边疆、少数民族聚居区、山区、（革命）老区特点于一体，曾是国家级深度贫困县，也是云

云南省红河哈尼族彝族自治州元阳县哈尼梯田

南省27个深度贫困县之一,贫困发生率高达26.14%,脱贫攻坚任务艰巨。当地有一项独特的资源,那就是总面积高达26.46万亩的梯田。这些由哈尼族人在山地上开垦的农田,已有1300多年历史,景象神奇壮观,被中外游客誉为"人间仙境、世界奇迹"。2015年,"红河哈尼梯田文化景观"被正式列入联合国世界文化遗产名录,成为全人类共同的财富。

然而,随着经济社会的快速发展,哈尼梯田和民族文化的保护面临着严峻的挑战。因为,梯田种稻劳动强度大、效益低,年轻一代的农民不愿再进行这样的劳动,使梯田出现荒废的趋势,文化遗产保护面临挑战。

基于循环农业思想开展梯田稻渔综合种养,既可以保护梯田,又能增加村民收入,实现"一水三用、一田多收、生态循环、高效节能"的成效,是一种可取的产业精准扶贫方式。同时,梯田稻渔综合种养也是"一带一路"边境渔业的一部分,这种对产业形式的创新,可以推动边境地区经济建设,维护边境安全稳定。

但精准扶贫的关键是要帮助农民找到持续致富的门路。在扶贫过程中,"授人以渔"才能让贫困地区真正实现自力更生。

攻克水产新品难关
使稻渔综合种养成为现实

这一切要从2015年说起。这一年,中国水产科学研究院淡水渔业研究中心(以下简称"淡水渔业研究中心")与云南中海渔业有限公司"联手",对红河县进行深入调研,确定发展稻渔综合种养产业这条路。随后,研究团队在红河县迤萨镇勐龙村及河口县坝洒农场建立了水产良种繁育基地,为产业发展奠定了基础。

初到红河县考察的唐启升发现,哈尼梯田地块小、坡度陡、稻田水浅。"一山分四季,十里不同天"的气候增加了农业生产的难度,"平原地区已有的稻渔综合种养的品种、模式等难以在此地实施,一切需要'量身定做'"。

针对这样的情况,唐启升提出当务之急要攻克梯田适养品种。他先后考察了这两个水产良种繁育基地,查看了泥鳅、鲤鱼"福瑞鲤2号"、吉富罗非鱼

唐启升院士现场讲解哈尼梯田稻渔综合种养高效产出的三个营养层次

"中威1号"亲本和苗种培育情况，并提出了优化方案。

目前，两个基地占地面积共457亩，前者保存台湾泥鳅亲本60000组；后者保存吉富罗非鱼"中威1号"亲本30000组和鲤鱼"福瑞鲤2号"1400组。两个基地生产的鱼苗，除销售至附近养殖场外，主要就是确保哈尼梯田的稻渔综合种养能得到充足的鱼苗供给。

饲养鱼类品种和鱼苗问题解决后，唐启升基于红河县哈尼梯田良好的生态环境特点，开始了对哈尼梯田稻渔综合种养绿色发展战略的研究。基于保护梯田生态环境，构建梯田生态种养模式的愿景，他剖析了稻渔复合生态系统中微生物群落、底栖生物群落、浮游生物群落的结构特点。根据这些研究，他揭示了"稻-鳅""稻-鲤"综合种养生态系统优于稻田单作系统的生态基础，并且提出了使哈尼梯田稻渔综合种养绿色发展的战略建议。

在保护哈尼梯田生态环境的前提下，唐启升构建了哈尼梯田"稻-鳅""稻-鲤"综合种养模式，实现了哈尼梯田增产、农民增收的目标。对筑好"梯田魂"，打造"千年梯田"文化品牌贡献了科技力量。这些工作也创新了边境渔业产业形式，提高了梯田农业的经济效益、生态效益和社会效益。

在"稻-鳅"综合种养模式下，红米稻谷亩产700公斤，单价每公斤2.5元，亩产值1750元；泥鳅亩产100公斤，单价每公斤50元，亩产值5000元，扣除种植、养殖成本1750元，同时可以减少肥料和农药成本100元，每亩梯田可以增收5000元左右。而海拔700米以下的梯田，每年可以放养两茬台湾泥鳅，收到了"收获百斤鱼、亩产千斤粮、收入万元钱"的良好成效。

"稻-鲤"综合种养模式，则在不减少水稻产量的情况下，每亩稻田增加水产品产量38公斤，按市场价每公斤50元计算，产值1900元，扣除成本900元，亩增收入约1000元。同时，使用这种生产模式还可以减少稻谷生产的肥料和农药成本100元。

利用"农闲"时间养鱼
进一步增加梯田的收益

千百年来，哈尼梯田只种一季水稻，有半年时间（冬半年里）在"放水养

哈尼梯田"冬闲田"苗种投放

田",这种耕作模式效率低下。唐启升带领团队着眼于"冬闲田"的开发利用,建立健全了哈尼梯田"冬闲田"蓄水生态养殖福瑞鲤的增效技术,克服了高海拔氧气含量低、年平均水温低等不利条件,成功突破了在高海拔梯田"冬闲田"饲养福瑞鲤的生态养殖技术。

2019年3月,唐启升与另外两位中国工程院院士刘旭、陈温福组成的院士专家团,进行了高海拔"冬闲田"现场测产。他们随机抽测30尾鲤鱼,测得其平均体长19.66厘米、体重199.78克。测试区域内共收获成鱼98尾,计19.58公斤,折合为亩产50.21公斤。按市场价每公斤40元计算,这种养鱼模式的亩产值为2008.4元,扣除每亩800元的生产成本(鱼种费150元、肥料300元、人工费350元),每亩梯田可以增加收入1200.8元。这有效地证明了在高海拔梯田"冬闲田"的环境条件下可以养殖福瑞鲤,进一步增加哈尼梯田的收益。

哈尼梯田是"森林–村寨–梯田–河流"同构的良性生态系统的一部分。唐启升及其团队的工作,成功地为这个古老的半人工生态系统注入了新的活力。2019年,当地投放福瑞鲤52500公斤,放苗乡镇达13个,共惠及农户6598余

"唐启升院士工作站"签约与揭牌仪式

户,使2.92余万人脱贫致富,其中建档立卡户2000余户。农民收入由原来的每亩1200元提高到2700元,利润提高一倍以上。全新的农业循环体系,也吸引了青壮年"回巢",发挥了以渔富民、以渔固疆、保护遗产的积极作用。

为扎根红河县持续开展扶贫工作,唐启升于2018年在红河中海渔业有限公司设立了院士工作站,并在2020年升级成为省级院士工作站。团队成员蒋增杰研究员入选2019年云南省"千人计划"产业人才专项;团队成员徐钢春研究员在红河中海渔业有限公司设立的基层专家工作站,于2020年获得了省政府批准资助。这为持续开展科技扶贫,防止返贫工作奠定了坚实的基础。

虽然这一路很艰辛,但是唐启升始终坚守着自己的初心。令他欣喜的是,2020年5月16日,红河县正式退出贫困县行列,成功实现了脱贫的目标。如今的哈尼梯田里,肥美的鱼在稻田里自由穿梭,稻鱼共生的生态画面令人动容。运用现代科技护航的边境渔业产业新形式,最终使这片古老贫瘠的土地"活"了起来、富了起来。

王琦院士：
中医"治未病"，
健康送基层

　　没有全民健康，就没有全面小康。或者说，健康问题往往是致富的"绊脚石""拦路虎"。在医疗资源暂时有限的情况下，做好预防工作，防止人们因病致贫、因病返贫就显得尤为重要。王琦院士吸收了中医传统"治未病"的观念，在山东省贫困人口最多的菏泽市，开展了以预防疾病为核心的精准健康扶贫。

"因病返贫"成挑战
及早帮助贫困地区拔掉"穷根"

　　对于老百姓来说，"病"是导致贫困的重要原因。"脱贫致富三五年，一病回到解放前；辛辛苦苦奔小康，一场大病都花光。"这首民间流传的打油诗，无奈地反映了重大疾病带给普通家庭的灾难。根据2016年的统计数据，在所有贫困户的贫困原因里，因病致贫或因病返贫的占比达44.1%。可以说，健康对于每个人、每个家庭都很重要。

预防"病魔"，方能驱逐"穷魔"；斗赢"病根"，才能拔掉"穷根"。王琦院士在2018年1月21日的全国精准扶贫健康养老大会上提出："为了中国44.1%的贫困人口脱贫，要实施中医'治未病'。"也就是说，他的团队致力于通过中医手段，对重大疾病进行预防，降低贫困地区居民因病致贫的风险。

山东省菏泽市，贫困人口占山东省的37.7%，是山东省贫困人口最多的地区。他们当中的很大一部分，是因病致贫或者因病返贫。针对这样的局面，王琦认为"扶贫"需要先"扶智"，"健康扶贫"离不开科技的支撑。

从中医理论中汲取智慧
开始了对"治未病"观念的推广

王琦受国家中医药管理局委托，带领团队在菏泽市开展了"中医'治未病'升级版工程建设"项目。2019年11月25日，北京中医药大学国家中医体质与"治未病"研究院，与菏泽市人民政府签署了《关于举办菏泽市中医体质与"治未病"研究院战略合作协议》。王琦在签约时表示："政府、科研机构、企业三位一体要把这个项目作为一项事业去做，严格落实孙春兰副总理的指示，在菏泽市打造示范模式，力争把菏泽市建设成为国家的中医'治未病'示范区。"

同年12月5日，王琦参与菏泽市市委书记张新文主持的座谈会。这次会议指出，"中医'治未病'"项目，证明了中医药的"治未病"作用。通过体质辨识，这个项目使得健康管理和慢性疾病防控达到了个体化精细程度，这是更深层次的扶贫，对于解决贫困问题意义重大。12月31日，菏泽市人民政府印发了菏政复（2019）395号文件，同意成立"菏泽市中医体质与'治未病'研究院"。2020年1月14日，菏泽市第十九届人民代表大会通过菏泽市2020年《政府工作报告》，在重点任务中指出："推进中医药守正创新发展，建立菏泽市中医体质与'治未病'研究院，打造'国家中医治

2020年8月28日，王琦院士参加菏泽市中医"治未病"健康扶贫工程启动会

未病示范区'。"

在王琦及其团队的支持下，2020年6月，菏泽市被确定为"全国中医'治未病'服务包纳入医保总额付费试点城市"。2020年8月28日，菏泽市召开中医"治未病"健康扶贫工程启动会，王琦在会上表示，要加强组织领导，充分发挥政府主导作用，做好规划方案论证，推动形成"大健康"产业，与脱贫攻坚紧密结合，努力创造出中医"治未病"的"菏泽模式"。

由王琦团队支持建设的菏泽市中医体质与"治未病"研究院，以王琦的中医体质学理论为指导，以北京中医药大学国家中医体质与"治未病"研究院为依托，旨在将其打造成"产学研"合作新典范。研究院在全市积极开展中医体质科学研究，推广中医体质辨识技术，开展中医体质"治未病"与慢病防控的应用。研究院也致力于通过做好社会调查，摸清菏泽市域贫困地区的地方病、多发病、常见病，从科学的理性量化角度，通过样本数据分析、试点试验的方法，有针对性地制订针对这些疾病的提前干预、提前治疗方案，充分发挥中医药"治未病"的作用，避免因病致贫情况发生。目前，研究院已经开展了面向菏泽市九家基层单位的中医"治未病"与慢性疾病防治状况综合调研工作。

王琦带领团队也为菏泽市中医药适宜技术培训基地建设贡献力量。他们开展了中医药专业理论和技术培训，提升菏泽市当地基层社区卫生服务中心、乡镇卫生院、社区卫生服务站、村卫生室的中医药服务能力，加强健康扶贫中医药人才队伍建设。作为菏泽市首个健康扶贫公益培训班，首期"中医健康扶贫大讲堂"以"经典方剂的临床运用""肌肉与疾病"为题，在线上展开，300余名基层医生聆听了授课内容。

成为院士的第二天
他便走向基层

王琦带领团队，还在菏泽市多次开展义诊、捐赠药品和医疗器械等活动。2019年12月4日，在拿到中国工程院院士证书的第二天，王琦就走向基层，带领团队赴菏泽市开展健康扶贫义诊活动。这是他"成为院士"后的首项工作，也是他的首个心愿。

12月5日上午，在菏泽市牡丹区扶贫办和卫生部门的组织下，牡丹区中医院门诊大厅内，坐满了慕名而来的患病困难群众，排成长队等候义诊。专家团队，耐心地询问病情，辨识体质，开具处方，提供健康指导。现场的患者群众很激动，一位60多岁的老大爷在看完病后，连声感谢道："想不到在家门口，不用赶火车、不用连夜排队挂号，就能找院士看上病，真的太幸运，太感谢了！"活动结束后，菏泽市牡丹区扶贫办向王琦赠送了"苍生大医·扶贫义诊"锦旗，以表达谢意。

2020年8月，王琦来到菏泽市中医院、菏泽市牡丹区皇镇街道办事处卫生院，开展"治未病"工作的实地调研，并在鄄城县彭楼镇开展了健康扶贫义诊活动。在义诊活动中，王琦再次提出，希望当地重视中医"治未病"工作，普及中医药治病养生的知识，增强中医药"治未病"的健康保健意识。这将有助于预防和减少因病致贫、因病返贫的现象发生，有效地改善和提升农村群

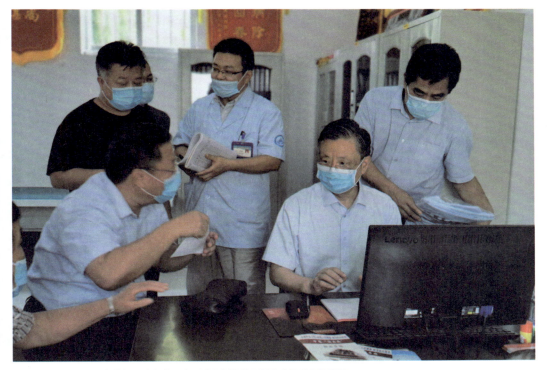

2020年8月，王琦院士带领团队在菏泽市鄄城县彭楼镇开展健康扶贫义诊活动

众，特别是相对贫困群众的健康水平。

王琦表示："（科研人员的职责）不仅是要做好教育、做好科研，还要做好社会服务。我们的研究成果能够很好地为大众的健康服务，才能更好地体现我们的价值。希望通过健康扶贫义诊，让菏泽市的贫困群众得到高质量的医疗服务。但是，义诊的范围毕竟有限，我们更重要的任务，是要充分发挥中医体质辨识'治未病'的作用，使慢性疾病防治'关口前移'，实现不生病、少生病、晚生病。我们正在承担国家中医药管理局'中医治未病服务包纳入医保总额付费的试点调查研究'项目，把试点也放在菏泽，要把菏泽'治未病'模式做好，将来推广到全国。"

新冠肺炎疫情暴发后，王琦时刻关注着菏泽市的疫情防控工作，第一时间向菏泽市提供了预防药方，并积极协调社会各界医疗资源，助力菏泽市的疫情防控工作。2020年2月，王琦与菏泽市中医体质与"治未病"研究院一道，为助力菏泽市抗击新冠肺炎疫情,先后向菏泽市红十字会、牡丹区卫生健康局、皇镇街道办事处及抗疫一线工作人员和社区居民,捐赠了由他的团队研制的中药预防香囊10000余个,并捐赠红外热像仪两台,总价值95余万元。

运用厚重的中医学养
帮助当地牡丹升级成为中医药产业

在菏泽市进行健康扶贫之初,王琦就注意到了当地出产的牡丹。菏泽市古称"曹州",是中国的"牡丹之都",种植牡丹历史悠久,自古享有"曹州牡丹甲天下"的美誉。到了现代社会,菏泽牡丹成为中国国家地理标志产品,栽植面积超过1.6万公顷,使菏泽市成为拥有世界上面积最大、品种最多、花色最全的牡丹生产、出口基地和观赏旅游区。牡丹的干燥根皮是一种重要的药材,称为"丹皮"。菏泽市也是中国四大丹皮产区之一,这里出产的丹皮被称为"曹丹",皮厚、粉足、质量好,深受中医学界的推崇。

在牡丹实业有限公司调研后,王琦提出了依托这种独特的中药资源优势,促使菏泽牡丹产学研落地的建议。他认为,菏泽市需要着力开展围绕菏泽牡丹的科研工作,运用科学技术甄选出药用价值极高的优势品种,并进行产品深度研发。这就意味着,菏泽市的企业需要围绕菏泽牡丹开发系列产品,打造从牡丹种植到中药丹皮、牡丹酒、牡丹糕等系列产品的加工和生产,再到牡丹养生文化旅游的全产业链,形成品牌优势,并大力培育"互联网+菏泽牡丹"新业态,真正唤起消费者的购买欲望和旅游兴趣,让好资源、好产品实现最大价值。王琦承诺,他的团队将继续为菏泽牡丹的产业化提供科技支持。

人民健康是民族昌盛和国家富强的重要标志。王琦和他的团队基于中医"治未病"的理念,助力打造"健康+科技"扶贫创新模式,运用多套"组合拳",帮助菏泽市赶走了脱贫的"拦路虎",搬走了脱贫的"绊脚石"。

吴志强院士（左二）正在实地考察

吴志强院士：
情系西南扶贫事业

在我国的西南地区，有相当多的村落因为交通不便或者土地贫瘠而长期陷于贫困。作为著名的城乡规划学专家，中国工程院院士吴志强决定从自己的学术专长出发，运用现代的规划理念，寻求消除贫困的方案。他的工作从一个独特的角度，展现出科学思想在脱贫致富方面的独特力量。

云南省曲靖市会泽县，是中国工程院挂钩帮扶的贫困县。它地处乌蒙山主峰地段，自然条件恶劣，贫困是这里的"标签"，人们不易找到脱贫致富的突破口与着力点。

2019年，吴志强院士及其团队多次深入会泽县进行调研，在中国工程院咨询研究项目《会泽"美丽县城"规划布局研究》中，针对会泽县（县城）的城市形象、发展动力、空间布局等事项进行"诊断"，结合当地实际情况，制订了"去除瑕疵、增添美丽""创新赋能、以研带产""会川润泽、智联家园"的发展战略，以及实施这些发展战略的途径。在此基础之上，研究团队从"去污""干净""流畅""亮点""靓带"五个方面，进行多个精品项目的打造。

吴志强为这项研究计划付出了大量心血。他的团队与云南省发改委就"美丽县城"计划的要求进行了对接，争取这些精品项目于2020年立项。不仅如此，研究团队还特聘云南省政协经济委员会副主任、原云南省住房和城乡建设厅副厅长郭五代，原云南省住房和城乡建设厅副巡视员刘学，云南省发展改革委发展战略和规划处处长赵波，云南省市政工程质量监督站党支部书记陈飏等担任项目顾问，通过与了解当地情况的领导干部密切合作，使研究项目能够有的放矢。

吴志强也致力于让研究项目为扶贫助力。他聘请贫困生金鑫同学作为项目的研究助理，邀请其来上海并进入团队学习，在同济大学进修。吴志强在帮助贫困学子的同时，建立了研究项目与贫困地区之间的纽带。

云南省迪庆藏族自治州德钦县，是位于云南省西北部的高原县。尽管

云南省曲靖市会泽县

"德钦"在藏语中有着"极乐太平"的美好寓意,但德钦县的发展前景并不乐观,山区复杂的地貌成为对外交通和经济发展的瓶颈。

吴志强及其团队经过论证发现,德钦县的城区适宜建设用地大大少于一个城区的合理容量。因此,德钦县的脱贫之路需要"反其道而行之",在划定并严守生态保护红线、环境质量底线、资源利用上限的前提下,对部分县城开展搬迁。同时,县城未来的发展,需要用"千年大计"的长远眼光来规划。

基于这样的思路,吴志强为德钦县未来的发展开出了"药方"。他指出,当地应当把具有行政和教育等基础功能的设施从县城迁出,以抑制其持续扩张的趋势和膨胀的行政吸引力,也使学校在用地更充裕的新址发展壮大,造福当地一代代的孩子。德钦县对县城的重新规划,实际上是为"扶贫先扶智"奠定了基础。在放弃一部分功能节省出建设用地的同时,德钦县应当把一些具有历史文化价值的资源保护起来,规划旅行线路、观景点、驿站等设施,构建具有当地特色的旅游体系,使旅游业成为创富的动力。

吴志强院士正在了解当地情况

如果说对德钦县的规划，着眼于遥远的未来；那么对四川省宜宾市长宁县的规划，便是帮助当地解决迫在眉睫的难题。2019年6月17日22时55分，长宁县发生里氏6.0级地震，震源深度16千米。尽管地震发生在深夜，只造成了部分人员伤亡，但地震给震区建筑物和环境带来的损害仍然不容忽视。地震导致数以万计的房屋被破坏甚至完全倒塌，震区电力、通信、供水、供气、交通设施和生态环境都蒙受了不同程度的损坏。

为了尽快完成灾后重建，并在重建的同时改善当地居民的居住条件，吴志强召集成立了同济大学"宜宾长宁灾后重建规划工作组"，赴宜宾市长宁县灾后恢复重建规划设计一线驻场工作。7月6日，他赶赴宜宾市慰问受灾民众并现场指导重建规划工作，并提出了新时期的灾后重建规划，那就是汲取"柔性构成韧性"这一源自古代中国的智慧，在地震带民居建筑中充分运用，将其发展为新都市文明，并嵌入未来城市的规划设计之中。

在地震灾区双河镇，吴志强提出将"创新、协调、绿色、开放、共享"这五项发展理念，注入重建之后的新居民点中。他希望坚持生态绿色发展，创新空间布局模式，用开放、共享的思维连接更多的资源，使双河镇成为年轻人干事、创业的地方，从而树立新时代灾后重建发展的新范式。地震带来的灾害，反而成为当地"从废墟中崛起"的先声，使脱贫攻坚的进程并没有因为自然灾害而耽搁，而且有可能"补回"抗震救灾耽误的时间，使脱贫致富融入灾后重建的新生活之中。

城乡规划，是一门有章可循的学问。一些地区的发展困局，并非人们不聪慧或不勤奋，很可能源于规划不合理或者自然条件限制，从而事倍功半。吴志强从规划入手向贫困"宣战"的实例，向我们展示了脱贫攻坚和巩固成果的又一种可行的思路。

谢克昌院士（前排左二）和陈勇院士（前排左三）赴安徽、四川等地调研农村能源工作

谢克昌院士和陈勇院士：
谱写再生资源的扶贫新章

　　垃圾常常被认为是"放错了地方的资源"，如果能够通过科技手段善加利用，垃圾便有可能成为新的资源。由谢克昌院士担任名誉院长、陈勇院士担任首席科学家的江苏常州大学城乡矿山研究院，便是一个利用废弃物资源的研发平台。运用前沿的科学技术，它谱写了利用废弃物资源和可再生能源的扶贫新篇章。

着眼废弃物"宝藏"
打破贫困地区的"技术障壁"

　　贫困地区一般是城乡之间技术、经济协作关系较弱的区域，与发达地区存在"科技隔离"，是明显的"科技稀薄区"。因此，科技人员有义务、有责任

城市的废弃物，其实蕴含了不少可以开发的资源

通过科技与智力开展扶贫工作。谢克昌院士与陈勇院士就以实际行动，带领科研团队为扶贫事业作出了贡献。

两位院士所在的常州大学城乡矿山研究院成立于2014年。"城乡矿山"是一个比喻性的说法，是指在城市的废弃物中，其实蕴含着不少可以开发的资源。这家研究机构，是一个致力于开发和集成生活废物、农林废物、畜禽粪便等农业、农村有机废弃物，利用相关系列技术使它们资源化、能源化，从而打造"城乡矿山"全产业链的"技术超市"。它围绕能源与环境这一关系人类可持续发展的命题，面向乡村振兴战略和农村扶贫事业的需求，并通过示范工程和中试基地的建设，实现技术成果的转化应用。

目前，研究院已形成多项可产业化、可落地的技术。在这里诞生的果品优质安全生产生态调控关键技术、农业与环境微生物功能菌技术、盐碱地改良利用关键技术、农村污水综合处理关键技术、无抗微生物饲料添加剂技术、畜禽粪污能源化与资源化利用技术、种植废弃物高值化利用技术、农林生物质废弃物提取植物天然色素技术、生活垃圾处置与利用技术、分布式秸秆类农业废物成型燃料清洁生产及高效供热技术、非商品性水果高值化利用技术，以及太阳能、地热能利用技术等科研成果，都会成为帮助贫困地区脱贫致富的"利器"。

向科技企业推广新技术
使农田与牧场的垃圾变废为宝

在陕西省，西安新天地草业有限公司以玉米秸秆高效利用技术为突破口，形成了集机械制造、菌剂生产、秸秆加工、骊羊养殖、有机肥产销为一体的产业布局，先后得到国家部委与主流媒体的关注和支持，被誉为"秸秆加工九十度的革命"。

在常州大学城乡矿山研究院的院士团队的技术指导下，这家公司已经拥有15项核心专利，涉及饲草发酵菌剂、揉丝机、压捆机等产品。公司积极投身于陕西省西安市临潼区穆寨业池村的扶贫事业，与院士团队合作，利用已有的技术优势，在这个有21户建档立卡贫困户的村庄，建立了秸秆加工系统、示范羊场和有机肥生产系统。这一项目占地约25亩，总投资500余万元，建设羊舍1500平方米，养殖骊羊母羊500只，为贫困户累计分红21万元，秸秆利用带动农户增收40余万元，变"输血式扶贫"为"造血式扶贫"。现在，公司正进一步围绕小麦秸秆和食品工业副产物饲料化技术展开攻关，以期进一步提升扶贫成效。

在河北省，河北慈心环保科技有限公司的主要业务，是研发生产销售土壤污染生物修复剂、功能性微生物产品，以及实施农田污染修复改良工程。在院士团队的技术指导下，这家企业首先筛选提取当地优势菌种，继而通过纯化、复配、发酵等工艺，制成微生物土壤改良剂，对当地退化土壤进行改良。

目前，这家企业已经在河北省、内蒙古自治区建立了3个生产基地，10个农田修复示范区。其中，位于河北省廊坊市永清县大青垡村的生产基地有土地3600亩，蔬菜播种面积2970亩，包括高标准"廊坊40型"温室600栋，种植面积510亩；优型塑料大棚580个，面积1600亩；种植露地错季萝卜、黄瓜、番茄等860亩。基地对微生物土壤改良剂的应用，显著减少了化肥使用量，有效地解决了土壤次生盐渍化、土传病害严重、土壤板结等问题，达到了作物提质增效与生态修复的目的，农药使用量减少4%，化肥使用量减少6%，农作物产量提高25.4%，使农户每亩增收35%。

在山东省，山东泰宝生物科技股份有限公司是一家专门生产新型微生物功能肥料的国家高新技术企业，拥有农业部肥料证书15个，国家专利14项。在院士团队的指导下，这家公司以农业废物和生活废物为原料，生产高品质生物有机肥，并以此为基础，在山东省淄博市沂源县刘庄开展扶贫工作。公司协助农户将农村废弃物制成有机肥，并以免费馈赠的形式，发放给广大种植户使用。

太阳能和生物质能源的收益
成为消除贫困的推手

除了对农业废弃物的利用，常州大学城乡矿山研究院的另一个重要研究领域，是开发传统上容易被忽视的可再生资源。院士团队致力于向全国各地的相关企业推广这方面的技术，以达到为贫困地区的居民创造额外收益的目的。

在河南省，河南金冠电力工程有限公司是一家新能源企业，业务涉及光伏电站建设、逆变器生产及光热、风电、储能、LNG冷热电三联供节能系统的设计、安装等。这家公司与院士团队合作，在河南省南阳市内乡县、淅川县等12个县进行分布式光伏扶贫电站建设，并指导贫困户采用"农光互补"的方式，种植喜阴经济作物，因地制宜，将光伏发电与农业、畜牧业有机结合，实现"板上光伏发电、板下现代农业"的协同发展。

这样的布局，在生态方面创造了显著的节能减排效益，在农业方面也创造了新模式。同时，太阳能发电的普及，推动了当地能源结构优化，创造了良好的社会效益和经济效益，使贫困户每年增收3000~5000元。目前，这家企业在南阳市建设的光伏扶贫电站，总规模已经超过300兆瓦。

在安徽省，安徽鼎梁科技能源股份有限公司是一家集科研、生产、销售为一体的国家高新技术企业，主要开发生产生物质秸秆颗粒机、秸秆压块制粒一体机、秸秆专用粉切机、秸秆生物质燃料应用设备，以及生物质秸秆裂变气化设备和生物质固体成型燃料等。

陈勇院士在河南参观指导光伏扶贫

这家企业与院士团队建立了产学研基地，并在山东省临沂市莒南县（沂蒙革命老区的重要组成部分）组建了凯利生物科技有限公司，以当地的生物质农业秸秆、林木加工边角料、城市园林修剪料等农林"三剩物"为原料，生产生物质气。这种可再生燃料能够替代燃煤，成为可以供热锅炉的能源。因为生物质气燃烧时产生的二氧化碳，是这些植物此前吸收的，所以使用生物质气不会产生"额外的"二氧化碳，比燃煤更环保。凭借自行制造的清洁能源，这家公司采用合同能源管理的方式，为其他企业供热、供能，在为地方减煤、减碳，改善环境的同时，增加了就业岗位，解决了部分贫困户的就业问题。

让废弃物再利用形成体系
环环相扣盘活贫困中的村落

常州大学城乡矿山研究院也为搭建循环经济体系提供解决方案。院士团队已经为多个贫困地区提供了循环经济方面的咨询服务，为当地脱贫致富助力。

陕西省西安市临潼区宋家村共有10个村民小组，996户3872人，土地面积5643亩。近年来，为了加快实施乡村振兴战略，紧扣西安市"追赶超越"定位和"五个扎实"要求，宋家村围绕"科学规划布局美、村容整洁环境美、

废弃物的能源化与资源化利用

创业增收生活美、乡风文明素质美"等目标，带动村民脱贫致富。院士团队以畜禽粪污协同生活垃圾厌氧发酵技术、粪污肥料化技术为核心，帮助宋家村规划设计了种植、养殖、生活垃圾多元废弃物协同处置系统，并制订了实施方案，以实现畜禽养殖废物的能源化与资源化利用。

在河南省开封市兰考县，院士团队担任了当地农村能源革命试点建设专家委员会的主任、委员等职务。相关人员多次赴兰考县考察调研，为建设方案的制订及实施提供咨询服务。在方案设计过程中，院士团队将优先应用农村废弃物能源化利用技术、地热能利用技术的理念融入其中。目前，当地已经初步构建起包含地热能热利用、农业废弃物及生活垃圾发电、生物质气、光伏发电、风能发电及能源管理的农村能源体系，创造性地设计了"能源互联网+美丽乡村+农业产业化""能源互联网+工业强县""多能互补+特色小镇+特色旅游"等发展模式，成为全国农村能源革命的"探路者""示范者"。

2014年至今，谢克昌院士和陈勇院士带领的常州大学城乡矿山研究院的科研团队，以科技为引领、需求为导向，整合资源、搭建平台，广泛组织科研力量、社会力量积极投身扶贫事业。在两位院士看来，扶贫工作为科技工作者提供了将科技成果转化为生产力的舞台，是对"把论文写在祖国大地上"的最好诠释；在扶贫取得成效的同时，参与扶贫工作的企业也可以提升科技水平和社会影响力，这无疑是一种多赢的格局。

印遇龙院士（前排左二）正在实地考察

印遇龙院士：
畜禽特色产业助力精准扶贫

近年来，依靠科技创新与科技创业来助推精准扶贫，发展贫困地区畜禽特色养殖产业，使产业走向集约化、规模化、标准化的生产道路，既可带动当地饲料、养殖、加工等产业的发展，又能带动当地贫困居民脱贫致富。在云南省普洱市澜沧拉祜族自治县和湖南省邵阳市邵阳县，中国工程院院士印遇龙就"激活"了这里曾经沉睡的养猪业和养鸡业。因地制宜，通过利用畜禽产业提质增效技术，为当地居民制造了脱贫的"加速器"，一批养猪和养鸡能手也被市场淬炼成熟。

"激活"传统养鸡业
打造"独家性"项目

湖南省邵阳市邵阳县保和村，是省级贫困村，这里有很多丘陵和山地。

印遇龙院士与养殖户进行交谈

按照经验，这样的地区适合发展林下养殖产业。但近几年，林下生态养殖产业在全国各地"遍地开花"，农产品同质化问题突出，产品滞销问题时常发生。

前往保和村扶贫之初，印遇龙院士就意识到，他需要完成的工作并不是推荐保和村发展林下生态养殖，而是要用专业知识帮助当地选择合适的养殖业态。只有这样，保和村才能做到"人无我有、人有我优、人优我精"，避免丰产却不增收的情况出现。

经过分析，印遇龙发现，保和村过去有养鸡的传统，而邻近的洪江雪峰乌骨鸡品种优质。因此，保和村可以借鉴已有的经验，养殖雪峰乌骨鸡。对于养殖户来说，这样成本低、投资小、见效快。他还建议由湖南农业大学派出科技团队，为养殖户提供技术指导。

之后，在印遇龙的团队和驻村扶贫工作队的帮助下，保和村村民杨永生带头成立合作社，建起了第一个养殖基地。随后，他带动周边六户贫困户参与进来，共养殖了2000只鸡苗。印遇龙带领由湖南农业大学的养殖专家和博士研究生等组成的技术服务团队，来到保和村调研，现场给予技术指导。他用通俗易懂的语言，讲解了养殖的注意事项，并且详细解答了村民提出的各种技术问题。

当时，一些村民对能不能把鸡养好还存在顾虑。在印遇龙带领的专家团队做完培训之后，他们吃了一颗"定心丸"。此后，印遇龙及其团队成员多次来村指导，他还亲自为保和鸡题名，并计划用约三年时间，帮助保和村制订统一的饲养、管理和质量标准，将保和鸡打造成全省乃至全国林下养殖禽类的示范和标杆。

运用科技纠正误区
全方位把控养殖细节

印遇龙领衔的科技服务团，对保和鸡的养殖"全程护航"。他们建议养殖户将鸡棚建在山上，保和鸡散养在大山里，确保它们日常能够饮用山泉水。但在饲料方面，科技服务团对杨永生只用玉米喂鸡的养殖方式提出了不同的意见。

印遇龙解释说："单一的玉米喂食，会使鸡的营养摄入不够、发展不均衡，羽毛也不够鲜亮。就像婴儿在生长发育中需要配方奶粉一样，鸡的喂养也需要营养搭配。"

针对养殖户在饲料方面存在的误区，科技服务团为保和鸡的生长发育制订了食谱，食谱中不仅有玉米，还有虫子、草和其他谷物，确保它们在林下生态放养的半年多时间里营养均衡。为了提高保和鸡的免疫力和存活率，专家还在保和鸡的食谱中添加了益生菌。

"益生菌是加在饲料里，还是饮水器中？""消毒防疫工作如何实施？""大棚放养密度如何确定？"……养殖户遇到的各种技术问题，科技服务团派驻成员都会及时为他们解答。养殖户随地撒料的传统喂养方式，也引起了曲湘勇等专家的重视。曲湘勇说："雨天地面潮湿，容易滋生病菌，污染饲料。我们建议做好鸡舍的环境控制，做好地面硬化，采用更加科学的喂养方式。"

在这期间，邵阳县出现大范围的暴雨，让养殖户周乐胜损失了不少鸡苗。在科技服务团成员的指导下，周乐胜迅速总结了经验教训，避免未来遭受更多的损失。如今，他已经摸索出一套行之有效的饲养策略：鸡棚要注意通风，在养殖了几个月后要重新选址，通过更换鸡棚位置，让鸡有丰富的食材可以啄食。现在，他不仅靠养鸡挣了钱，对养鸡的技巧也如

雨天地面潮湿，容易滋生病菌，污染饲料

数家珍。

经过一年的努力，保和村的保和鸡养殖产业正逐步进入标准化、规范化、精细化的发展轨道。全村共建立了7个养殖基地，养殖林下走地鸡2.5万羽，带动贫困户42户203人走上脱贫之路。

从产到销"一条龙" 确保优质鸡肉能"卖出去"

现代社会，优秀的农产品也会面临"酒香也怕巷子深"的销售困境。产业帮扶的目的，就是通过产销对接，让产业实现其应有的经济价值，帮助贫困户实现持续稳定增收。为此，科技服务团建议依托科技助力精准扶贫项目，着力将保和鸡打造成一个具有商标保护和明显地标特色的科技示范产品，并打造一个宣传推广保和鸡的科技示范展销平台。

于是，科技服务团中负责做品牌策划的湖南农业大学产品设计系主任王佩之等专家，为保和村注册了保和鸡产品商标，推动"保和鸡"公共农业品牌建设，并帮扶成立企业，为保和鸡统一品种、统一价格、统一销售提供服务。

在这期间，印遇龙亲自担任推广员，与湘菜产业促进会一起研发使用保和鸡的鸡肉菜品，以助推销售。科技服务团和帮扶工作队一起，建立了保和鸡屠宰车间和冷库，还建立了"保和村保和鸡"抖音账号，对接各级电商协会，推动保和鸡线上销售。通过这些现代化的营销手段，2019年，2余万羽保和鸡销售一空，产值超过200万元，帮助保和村集体增收10万元，贫困户人均增收1000元。

2019年5月4日，印遇龙带领科技服务团，再次来到保和村，对保和鸡的养殖和产业发展情况进行调研。经过不懈努力，保和鸡的产业已经走上正轨，印遇龙的科技服务团也荣获了"全国科技助力精准扶贫2019年度先进团队"的荣誉称号。团队成员曲湘勇说："接下来，围绕保和鸡的生产、饲养过程及鸡舍选址等方面，科技服务团会给出因地制宜的规划设计，让养殖的每一个环节都更加规范化和精细化，以支持品牌建设、产品销售链条建设，为养殖户创造更多的收益。"

他不仅"盘活"了保和鸡
也激发了地方养猪业的潜能

我国有着悠久的畜牧业养殖历史,全国各地拥有各具特色的畜禽。它们适应了一方水土,具有繁殖率高、耐粗饲、肉质好、适应性强等特性,成为带有独特地理标记和历史印记的农业动物品种。而且,这些地方特色畜禽大多分布于国内比较贫困的地区。

但因养殖户饲养管理水平落后,缺乏科学养殖技术,饲养动物的规模化程度低,科技含量不高,导致了地方特色畜禽出现成活率低、生长发育缓慢、品种退化等现象,不仅养殖效益差,而且引发环境污染、生态破坏等负面效应。地方特色禽畜未能形成品牌,难以占据更大的市场空间。

印遇龙早已意识到地方特色禽畜的潜能巨大。在"盘活"保和鸡之外,他也带领团队,在云南省普洱市澜沧拉祜族自治县,运用现代科技对当地的养猪业加以改造。

生猪产业是澜沧拉祜族自治县畜牧业的主导产业,在当地农村经济和畜牧业经济中占有极其重要的地位。生猪生产在保障市场供给,稳定市场物价,促进地方农产品加工业发展和农民增收上,也发挥着重要的作用。据数据显示,澜沧拉祜族自治县生猪养殖散养户占整个畜牧养殖比重的85%以上,其中年出栏100~499头的生猪规模化养殖场50个,年出栏500~999头的27个,年出栏1000~2999头的6个,年出栏3000头以上的2个。但是由于当地生猪养殖水平落后,极大地限制了生猪产业在促进当地经济发展、提高农民增收中应有的作用,因此提高当地生猪养殖水平,就具有重要的现实意义。

印遇龙院士(左六)在养殖基地门前同大家合影

　　经过深入调研后，印遇龙的团队提出了充分发挥普洱市的生态优势、资源优势，建立高水平科技创新和技术转化的合作平台，利用安全高效、与环境友好的养猪关键核心技术，打好扶贫攻坚"技术战"的建议。按照"扶贫先扶智，致富靠产业"的思路，印遇龙院士以中国工程院咨询研究项目"澜沧拉祜族自治县生猪产业提质增效战略研究与实践"为基础，先后五次到位于上允镇芒角村的澜沧华能养殖有限公司，以及竹塘乡东主村的澜沧马开农牧有限责任公司这两家企业进行调研，与企业负责人座谈交流，听取企业的发展现状，询问其发展存在的困难，并进行答疑解惑。他也对如何控制生猪健康养殖环境，提高猪肉产量进行理论指导，并进入养殖场进行技术指导。同时，他还专门举办了专题讲座，特别是就优质猪肉生产及其调控关键技术、猪低蛋白质日粮和抗生素替代技术，为全县农业工作者、职业高级中学养殖班学员及县城区相关部门工作人员、部分生猪养殖企业负责人共计200余人，进行了讲解。

　　经过四年的努力，澜沧拉祜族自治县目前的生猪产业发展迅速。2019年，全县生猪存栏40.4万头，能繁母猪存栏4.64万头，出栏肥猪43.5万头，生猪产业总产值达8.92亿元，养猪成为澜沧拉祜族自治县农民脱贫的黄金产业。科技服务团队通过三元杂交人工授精技术的传授和推广，扎实推进了生猪品种改良工作，全面提高了生猪良种化水平，提升了生猪品质；引导养殖户发展多种形式的立体生态养殖，建设"良种、绿色、高效"的生猪养殖基地，创建了具有地域特色的优质生态生猪养殖品牌。

　　针对当地特有的家猪品种"拉祜小冬瓜猪"，印遇龙带领团队加大了对它的提纯复壮，良种选育，并开发利用好农户的青绿饲料种植，降低饲养成本，使"拉祜小冬瓜猪"的养殖由数量型向质量效益型转变，提高了养猪的经济效益。

　　通过规范生猪养殖、加工等环节的技术要求和操作，建设生猪精深加工厂，印遇龙的团队着力打造澜沧山地优质猪肉优势品牌，扩大了生猪及其产品的知名度和市场占有率。这一系列的成果，都凝聚着印遇龙院士科技服务团队精准扶贫的科技创新力量，他们为打赢云南澜沧脱贫攻坚战作出了巨大贡献，获得澜沧拉祜族自治县人民政府的高度认可。

袁亮院士（右一）深入基层扶贫

袁亮院士：
利用信息技术为脱贫攻坚赋能

　　新鲜农产品的保质期大多短暂。只有将它们在变质之前售出，才能产生经济效益，使生产它们的农户真正得到收益。而实现这一点的关键在于打通销售渠道，确保商品供需信息得到很好的传播。作为安徽理工大学的校长，袁亮院士致力于弭平定点扶贫村的信息鸿沟，调动学校掌握的优质资源，为贫困地区创造致富的机会。

深入基层亲力亲为
结对帮扶贫困地区的贫困家庭

　　"创新是引领发展的第一动力，科技是决胜脱贫攻坚的关键支撑。"习近平总书记关于扶贫工作的重要论述精神，成为袁亮院士投身科技扶贫的指

2021年1月，袁亮院士赴安徽省阜阳市临泉县滑集镇杨小村、王香铺村及淮南市毛集实验区焦岗湖镇孙台村，实地走访慰问困难群众，并考察大棚蔬菜产业扶贫项目

引。作为安徽理工大学的校长，他发挥高校优势，凝聚各方力量，为如期实现脱贫攻坚目标任务，作出了贡献。

安徽省阜阳市临泉县滑集镇杨小村、王香铺村及淮南市毛集实验区焦岗湖镇孙台村，是安徽理工大学的定点扶贫村。承担领导责任的袁亮，坚持把脱贫攻坚作为全面贯彻"四为"方针、办好人民满意教育的重大政治责任、重要政治任务。因此，从2017年起，安徽理工大学定点扶贫经费逐年增加，2019年列出50万元预算，专门用于杨小村和王香铺村的脱贫攻坚。

不仅如此，袁亮还亲自"挂帅出征"，结对帮扶滑集镇12户贫困家庭。他带队深入帮扶县和帮扶村调研，动员全校力量，推进定点帮扶工作。在他的努力之下，技术支持、平台建设、要素对接、电商培训、环境整治、科普惠农、创新创业、健康扶贫等工作全面推进，使三个帮扶村顺利实现脱贫"出列"，建档立卡贫困户脱贫399户1238人。

从产业扶贫到基建和教育
打出科技扶贫"组合拳"

针对帮扶对象发展起点低、经济压力大等突出问题，袁亮从实际出发，精准施策、综合施治，从学校"供给侧"和帮扶对象"需求侧"两端发力，下好创新"先手棋"，打出科技扶贫的系列"组合拳"。

袁亮首先抓住产业扶贫这个"压舱石",组织建立皖西北甜叶菊科技示范基地,完成4853亩土地的勘查和土壤分析,因地制宜指导发展特色种养业和其他相关产业。

2017年,王香铺村创办了禾鑫秸秆综合利用厂,学校投入了援建资金8万元。2018年,学校又投入20万元,帮扶王香铺

甜叶菊可以制作成一种低热量、高甜度的天然甜味剂,是食品及药品工业的原料之一

村建立大棚芽苗菜种植基地。在支持建立这些生产机构的同时,袁亮也做好帮扶地区能源化工等企业的服务保障工作,扶持农村电子商务产业发展,使农民可以搭上信息技术的快车,通过网络卖出农产品。他还帮助引进了"黄氏番鸭"养殖、中草药种植等项目,引导困难群众参与建设,从而提高其收入。

而后,袁亮抓住基础设施建设这个"强支撑",组织完成了临泉县13个中心村的"美丽乡村"建设规划。在这个过程中,他帮助这些村落完成了文化广场建设,循环道路所需的设计、测量等工作,还对村容村貌进行了无人机航拍,以打造"数字乡村"。

袁亮也抓住了教育培训这个脱贫的"动力源",捐建了两所"共青书屋",广泛开展"乡村大讲堂""科技支农"等活动,并招募志愿者与167名留守儿童"爱心结对",开展课业辅导等"一对一"帮扶。同时,他在村中倡导文明新风,培养新农民、发展新农业、建设新农村。得益于这些工作,杨小村被评为第六届"阜阳市文明村"。

打通农产品市场销路
带领安徽理工大学"以身作则"

由于帮扶对象产业发展滞后,供应链薄弱,农村的产品特别是一些应季农产品销售困难,经常出现滞销。这导致创新链、产业链、资金链不能有效形

成闭环，影响了科技扶贫的质量。

于是，袁亮把推动帮扶对象融入"大循环"，作为科技扶贫的重要内容。他抓住"面向采购"这根"主轴"，依托纵深发达的高校消费市场，在帮扶县建立了农产品直供种植基地，选派专家到现场指导种植。同时，他在学校设立帮扶县农副产品售卖专柜，加大学生食堂、工会会员福利等渠道"面向采购"的力度，直接要求学校各食堂拿出一定的需求份额，定期从扶贫点采购农产品。截至2019年年底，学校累计"面向采购"额达794.25万元，有效缓解了帮扶对象村的农产品滞销问题。安徽理工大学的这些做法，入选了《全国教育扶贫典型案例》。

同时，袁亮也着力深化产销对接，为帮扶对象的产品"建链""补链""强链"，让产品卖得出、卖得快、卖得好，提高帮扶对象的产业链融入度。鉴于近年来电子商务的火爆，袁亮组织专家团队来到滑集镇，围绕农产品品牌打造、网络平台建设、农副产品营销等方面开展电子商务培训，对农村电子商务推广提供了人才及技术支持。

袁亮的扶贫工作，取得了优异的成绩。安徽理工大学定点帮扶的王香铺村和杨小村，先后实现了"村出列"，顺利脱贫致富。

詹启敏院士

詹启敏院士：
传承留学报国精神

在中国的科学家中，有相当一部分人拥有在海外留学的背景。他们在学成之后毅然归国，成为某一领域的领军人物，为中国赶超国际先进水平作出了巨大贡献。由詹启敏院士发起筹建的欧美同学会医师协会，就致力于传承留学报国的爱国主义精神，使医学界和相关领域有留学背景的人才，能够为中国的"健康扶贫"效力。

2014年10月19日，欧美同学会医师协会在北京正式成立。该协会是由詹启敏院士发起筹建的，以传承留学报国的爱国主义精神，团结海内外医学界及相关领域的留学人员为己任，积极参与公益事业，承担社会责任。

作为著名的分子肿瘤学家，詹启敏认为，"精准医学"是医学发展的热

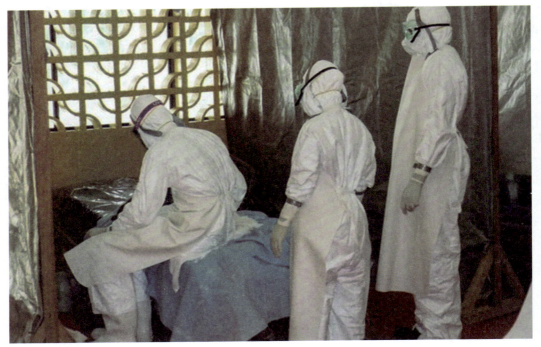

社区其实是精准医疗的另一个"主战场"

点。对于中国而言，精准医学有四个方面的研究任务，分别是精准防控技术及防控模式研究、分子标志物的发现和应用、分子影像学和病理学的精准诊断、临床精准治疗。在这四个研究方向中，前两者用于对疾病的监测预警，以及对公众健康的持续管理，在一些特定疾病的易感人群中预防疾病，以及进行疾病早期预警；后两者则分别用于检查诊断和具体的疾病治疗。简而言之，"精准医学"并不仅仅用于"治病"，更应该用于"防病"；它应用的场景，并不仅仅是在ICU里救治一个个具体的危重患者，而是缓解整个人群面临的健康问题。

因此，在医院之外，社区其实是精准医疗的另一个"主战场"。或者说，我们要将医疗"关口前移""重心下移"。"关口前移"是指重视对疾病的早诊早治和预警预测，"重心下移"是指将工作重心下移到社区和基层，加强对公众的健康管理，这比医生一个个诊治患者要高效得多。

在詹启敏看来，"精准医学"与国家的"精准扶贫"其实有一定的相似之处。"精准扶贫"是根据不同地区的特点，实施有针对性的扶贫措施；"精准医学"则是在医疗健康领域，通过大数据进行人群队列研究，针对不同人群特点采取不同的疾病诊治和健康管理措施，提高整个人群的健康水平，并减少医疗费用支出。

基于这样的认识，欧美同学会医师协会在詹启敏的带领下，将贯彻落实习近平总书记"没有全民的健康，就没有全面的小康""要推动医疗卫生工作重心下移、医疗卫生资源下沉"等重要讲话精神，以及《"健康中国2030"规划纲要》，作为协会各项活动的重中之重。

协会会员们分别到江西省井冈山市、景德镇市，以及上饶市婺源县，山东省济宁市泗水县及淄博市，贵州省贵阳市、毕节市，新疆维吾尔自治区克拉玛依市，辽宁省营口市，河南省汝州市，广西壮族自治区河池市，江苏省徐州市，湖北省武汉市、十堰市，甘肃省定西市渭源县，西藏自治区拉萨市、藏南地区，黑龙江省齐齐哈尔市、大兴安岭地区漠河市等地，深入基层医院，前往社区及乡村，开展教学查房、临床指导及义诊等健康扶贫活动，为打赢脱贫攻坚战，作出医疗战线海归学子应有的贡献。他们的义举，受到社会各界尤其是基层医院的医生、地方政府领导，以及广大患者和群众的热烈欢迎。协会眼科专委会协和眼科团队的"光明行"活动，还因为积极配合国家外事活动受到盛赞，成为中国与第三世界国家增进友谊的新名片。

只要时间允许，詹启敏总是亲自带队出席，并参加义诊或举办精准医学与国家医疗发展战略方面的讲座，每次出席还不忘进行实地考察和医疗调研。詹启敏总是要求会员们不仅要"授之以鱼"，更应"授之以渔"。会员们与每个帮扶单位都建立了长期的帮扶联系，通过远程会诊、现场指导、联合查房及联系进修学习等方式，甚至资助部分贫困地区医院的医生进行技术培训，大部分受帮扶医院的医疗质量与水平都得到了不同程度的提升。目前，协会正在尝试组建以"海归"医生为技术后盾，通过技术帮扶、人才培养及与定点帮扶单位建立互联网医院的方式，对其进行"无缝连接"式的支持，以期实现"大病不出县、小病不出乡"。

詹启敏说，他作为一名"老海归"，能参与祖国的建设，他感到莫大荣幸，同时也为祖国自改革开放以来所取得的伟大成就和翻天覆地的变化感到无比自豪！他将始终不忘初心，积极投身到扶贫攻坚、健康中国等国家战略工作中去，投身到民族复兴的洪流中，始终把个人事业发展与国家富强、民族振兴紧密结合起来，做民族复兴的追梦者和圆梦人！

邹学校院士工作照

邹学校院士：
小辣椒撑起大产业

在我国很多菜系里，辣椒这个几个世纪前传入中国的"舶来品"，已经是不可或缺的调料。而在世界上的其他很多地方，辣椒也有着广阔的市场。邹学校院士是一位穷尽一生研究辣椒的专家，30多年来，他的团队在辣椒优异种植资源创制、育种技术创新、新品种培养等方面，取得了系统性的创新成果。更重要的是，他以小小的辣椒，推动发展了为脱贫攻坚助力的庞大辣椒产业。

在国家级贫困县的土地里
蕴含着待激活的财富密码

湖南省湘西土家族苗族自治州泸溪县，是国家级贫困县，这里的自然

2019年5月14日至16日，邹学校院士考察云南省曲靖市会泽县辣椒生产基地

条件适合辣椒生长，被邹学校称为"辣椒的天堂"，可是这里种植辣椒的农民，却无法依靠辣椒摆脱贫困。早在1996年，当邹学校院士第一次带着自己研制的辣椒品种"博辣红牛"来到这里时，村民们半信半疑："这个省城来的新品种，产量真能翻2~3倍吗？"

邹学校选择用事实说话，他发起了"博辣红牛"示范种植项目。当地农户李建成成为这个示范项目的参与者，他的钱包当年就鼓了起来——辣椒产量从亩产1000公斤增长至3000公斤，收益增长了2~3倍。

辣椒增产了，农民增收了，邹学校的名声也传开了。从此，他带领研究团队，在这里开始了一场长达20多年的辣椒扶贫。在邹学校看来，优秀的辣椒品种是基础，但让农民掌握科学的栽培技术，才是产量和品质的保障。为了提高辣椒产量，他在泸溪县推广避雨栽培。每到5月，避雨栽培的早熟辣椒，就可以填补本地时令鲜食辣椒的空档期。

在湖南省湘西州泸溪县兴隆场镇喜农辣椒合作社的基地里，（早熟）辣椒每公斤价格可以达到8~10元，是常规鲜辣椒的2~5倍，而且一上市便供不应求，成为传统辣椒产业提质增效的新亮点。2019年，喜农辣椒合作社保底收购辣椒4000余吨，累计为兴隆场镇14个村（社区）建档立卡贫困户468户2019人现金分红62.52万元，使农民真正得到了实惠。

因地制宜传播技术
多方发力激活品种潜能

2019年，湖南省郴州市汝城县的"米辣"（辣椒品种）火了。一亩辣椒的利润能达到6000~10000元，有的甚至超过10000元。这个传统的辣椒产地曾经长期种植名为"大冲辣椒"的品种，但由于长期种植，这个辣椒品种已经退化，不仅抗病力差而且产量低，影响了农户和企业的收益。

于是，当地农业局的负责人找到邹学校，请求改良辣椒品种。经过邹学校团队对地方品种的提纯、复壮、增效，新的品种"博辣天玉""博辣极品泡椒"诞生了。新品种不但保留了"大冲辣椒"原有的风味，还在防病虫害、抗高温方面进行了改良，产量提高了20%~40%。

同在郴州市的桂阳县，辣椒品种"五爪辣"独具特色。但在当地，这个辣椒品种的生产种植不成规模，经济效益也不明显。为此，邹学校团队提供了专门的技术支持，对当地椒农进行培训，使他们放心地种植"五爪辣"，在2019年实现了亩产和收购价格双翻番。

在另一个深度贫困地区，云南省曲靖市会泽县乐业镇，辣椒也是当地农民的传统种植项目。为了脱贫致富，当地政府因地制宜引导农民种植辣椒，

不同的辣椒品种

2019年5月17日，邹学校院士在云南省会泽县辣椒产业发展技术培训会上作报告

可无奈技术全靠种植户自己摸索，秧苗也要自己育，成为发展辣椒产业的瓶颈。2019年，邹学校到乐业镇考察后，引进了漂盘育苗技术，开展工厂化育苗试验并获得成功。2020年，邹学校开展辣椒提质增效研究，引进新品种辣椒64个，指导建立辣椒水漂育苗基地5个总共80亩，推广示范面积3000亩，为全县16万亩辣椒种植户实现产值6亿元。

只要有比较好的品种，加上适当的技术支持，种植辣椒其实是一种成本低、收益高的产业，而且通常不愁销路。邹学校深知辣椒产业的这一特点，带领他的团队走遍全国20多个贫困地区，为300余万椒农送去优良品种和前沿技术，使很多农民因种植辣椒而脱贫。

做大、做强辣椒产业
"辣"可以成为大生意

"我们不仅要让农民种得上、管得好、产得出，还要让农民卖得掉、卖得

2019年5月30日至31日，邹学校院士在河南省安阳市黄县调研辣椒产业

好。"在泸溪县的辣椒产业初具规模之后，邹学校又开始思考新的问题，那就是延长辣椒的产业链条。

很多出现在调料市场里的辣椒都是干制品。事实上，很多种植辣椒的农民也喜欢将辣椒晒干之后再出售，因为这样辣椒可以保存很长时间。一般来说，5000斤鲜辣椒可以制出1000斤干辣椒，每斤可以卖到18~20元。但想用自然风干的方法晒干辣椒，有一定的运气因素。只有在天气好的时候，农民才能将辣椒拿到户外晾晒。如果天气一直不佳，或者赶上突然"变天"，他们就会损失一部分产品。

为了解决"看老天脸色"才能晒干辣椒的难题，邹学校决定引入现代技术，对阳光进行"模拟"。他想到了枸杞产业使用的烘烤设备，就对它进行改造，使它也可以烘烤辣椒。现在，每台设备一次开机38个小时，只须花400多元的电费，而优质干辣椒的成品率可以达到90%以上，远远超过自然风干的传统工艺，农民们的收益也因此得以提高。在泸溪县，128户贫困户合作种植了400多亩辣椒，并运用邹学校研制的辣椒烤炉加工干制品，带

2019年6月11日至13日，邹学校院士在江苏省徐州市调研特色蔬菜产业

动了456人脱贫。

在邹学校带领的专家团队指导下，兴隆场村的村民李作喜建起了一家辣椒食品加工厂。不断延长的产业链条，使泸溪县逐渐形成了鲜椒、剁椒、泡椒、干辣椒、辣椒粉等多个层次的辣椒产品供应体系，定点帮扶和带动1000多户贫困户4000多人走上了种植辣椒脱贫的新路子。辣椒加工厂与农户签订收购合同，让农户的辣椒不愁卖不出去，解决了销路问题。同时，加工厂出产的多种辣椒产品，也帮助兴隆场村乃至泸溪县进一步扩大了辣椒品牌的影响力，吸引农民回乡就业。

现在，邹学校的团队已经根据当地土壤和气候，结合流行食品的制作需求，有针对性地开发了一系列适合干制和剁制的辣椒品种。食品加工企业以扶贫订单模式规模化发展辣椒产业，使种植辣椒的农民不愁销路。邹学校搭建的从育种、种植、销售到加工一体的产业链，使小小的辣椒，发展出了帮助农民脱贫致富的红火产业。

张福锁院士：
让"科技小院"成为
扶贫"发动机"

张福锁院士（右一）在田间实地考察

　　在我国，各地的经济水平和拥有的智力资源不均衡。中国农业大学的张福锁院士提出了建立现代农业科技小院的构想。虽然它们名叫"小院"，作用却并不小，因为它们建在生产一线，是集农业科技创新、示范推广和人才培养于一体的科技服务平台。常驻在科技小院中的研究生与科技人员，可以为农户提供零距离、零门槛、零时差和零费用的服务。科技小院不仅让生产资源得到了更为高效的利用，而且成为科技扶贫的重要动力。

精准确定扶贫对象

2009年，当第一所科技小院成立时，它就具备了实施精准扶贫的能力与特质。按照张福锁院士的设计，参与科技小院工作的师生，驻扎在农业生产第一线，与农民朋友"同吃、同住、同劳动"，与基层群众尤其是贫困户亲密接触。这不仅能让双方建立互信关系和紧密联系，还能让科技小院的师生了解农民致贫的原因，通过解决制约性问题，实现精准扶贫。

在河北省邯郸市曲周县第四瞳镇王庄村，王庄科技小院的四名研究生一对一帮扶村里四名贫困户，帮助他们发展小麦、玉米种植。从品种选择、肥料配置到高产栽培技术辅导等方面，研究生们都给予了热情的帮助，帮助贫困户提高了小麦和玉米的生产水平。位于同一个县的白寨科技小院，则长期对贫困户赵春堂和牛延斌进行生产帮扶，帮助他们提高粮食生产水平。

同样是在曲周县，相公庄村建档立卡贫困户宋春雷家仅有耕地面积1.9亩，主要种植苹果树。但因为宋春雷腿部有残疾，无法干重活，果园套袋、浇水等工作需要雇工完成；他的妻子还患有精神类疾病，不仅没有劳动力，还需要支付不菲的药费。科技小院师生与宋春雷建立科技帮扶关系，在他的果园里采集土壤样品，并对土壤中养分含量进行测验，对果园施肥给出了科学合理的指导；同时，科技小院师生将宋春雷的果园确定为科技示范园，开展肥料效应试验。

张福锁院士指导农作物种植

从指导苹果种植，到肥料、农药等物资的供应，科技小院全程跟踪宋春雷家果园的生产过程，及时发现和解决问题，为他"保驾护航"。2018年，受"倒春寒"的影响，当地农户苹果产量大幅度降低，而宋春雷在科技小院师生的建议下，提前打防冻药进行防治，损失减少了大约30%。

从2015年到2019年，宋春雷一直积极参加科技小院举办的科技培训和外出参观活动，他把全部心思放到果园管理上。到2019年，苹果产量已经达到了每亩7000斤，比起2015年，每亩增产2000斤；果实品质也有了大幅度的提升，糖度由12.3%增加

苹果树

到14.2%，每亩果园的收入达一万元以上。在科技小院的帮助下，2019年年底，宋春雷成功摘掉了"穷帽子"。

在陕西省延安市洛川县凤栖镇谷咀村，洛川科技小院根据12个贫困户的实际情况，制订了"一户一档案、一户一帮扶"的策略，通过技术支持激发贫困户种植苹果等的积极性，提高摆脱贫困的信心。在四川省攀枝花市盐边县得石镇草坝彝族村，科技小院师生对芒果种植贫困户余正碧家和李成元家进行一对一的技术帮扶，开展芒果种植管理技术，以及化肥、农药、有机肥的基础知识、施用方法及注意事项等培训。一年后，两个贫困户分别减少化肥使用量20%和15%，还提高了果实产量，增加收入达4000~6500元。

传播科技致富信念

几千年的小农生产方式，或多或少地禁锢了农民的思想。他们认为务农没有前途，作物高产只是"老天赏脸给饭吃"。针对这些普遍存在的错误观念，科技小院体现其"纠偏"的价值。它通过传播科学技术，改变贫困地区封闭的小农经济模式，提高农民的科学文化素质，提高他们的资源开发水平和劳动生产效率，从而加快脱贫致富的步伐。

在河北省张家口市沽源县东辛营村，为了让贫困户能够科学地使用化

肥，沽源科技小院的师生在2017年国庆期间，对贫困户耕地进行了取土，并利用课余时间，在学校实验室对土壤养分含量进行了测定。根据测定结果得出的养分数据，他们为每一户人家制订了合理的施肥方案，指导贫困户种出优质架豆。同时，科技小院根据当地的种植情况和土壤养分情况，协调云南云天化股份有限公司，向五个深度贫困村发放了总价值20万元的扶贫肥料，促进农业生产提质增效，增加农民的收入。经过两年的努力，截至2019年，东辛营村贫困户的设施架豆产量平均提高了10%~20%，病害发生率下降了30%左右，收入增加了67%，达到了每亩1万元的收入水平。

河北省邢台市广宗县曾是国家扶贫开发工作的重点县。1991年，时任民盟中央主席的费孝通了解了广宗的贫困后，把广宗县定为民盟中央的扶贫联系点。2018年10月21日，"广宗科技小院"正式揭牌，河北广宗教授工作站（广宗科技小院）是中国建立的第一个由民主党派基层组织作为工作团队的教授工作站。它针对红薯的品质品种、种植模式、病虫害防治等问题，带来国内尖端的技术和先进的理念，真正在生产实践中改变传统的种植模式，破解红薯种植储存和病虫害防治等技术推广难题。在科技小院的努力下，红薯成了当地的"金疙瘩"。

在北京市的各个远郊区，"统农"系列科技小院在研究推广高产、高效技术，解决农户增产、增收问题的同时，高度重视农民技术培训和科技人才培养。截至2019年，密云区东邵渠镇西邵渠村、房山区佛子庄乡、大兴区长子营镇小黑垡村、怀柔区长哨营乡三岔口村等地的科技小院，针对儿童、青壮年和老人，开展不同类型的培训26场。其中，大兴区小黑垡科技小院协助村委，大力发展林下经济、乡村旅游等产业，对林下百合产业进行优化设计，提升了产品品质，在2019年使村集体创收47余万元，为全体经济组织成员年底每人分红950余元，有效助推了京郊低收入村的帮扶工作。

四川省凉山彝族自治州，是国家级深度贫困地区"三区三州"的"三州"之一。在布拖县，布拖马铃薯科技小院致力于推广马铃薯生产

破解红薯种植储存和病虫害防治等技术推广难题

新技术，意图摆脱这里根深蒂固的贫困。科技小院打造了标准的"原原种——原种——生产种——商品薯"四级马铃薯生产体系，以提高马铃薯产业的收益。同时，科技小院还帮助当地发展马铃薯全产业链，并研发马铃薯储运的新技术。针对马铃薯只要发芽就会有毒的问题，科技小院首先研制出控制萌芽的方法，可

马铃薯是重要的粮食作物

以使萌芽推迟30～120天，成本则只有冷库的四分之一。待到需要种植的时候，再用乙烯解除休眠，就可以让马铃薯快速成长。这些针对马铃薯的研究，为当地带来了脱贫的希望。

在新疆维吾尔自治区，农牧业是当地经济发展的支柱产业。但干旱、荒漠化及农民文化水平低等因素，造成南/北疆的区域发展极不平衡。南疆的和田地区、阿克苏地区、喀什地区、克孜勒苏柯尔克孜自治州四地区，是国家深度扶贫的"三区三州"中的"三区"之一。

为了改变南疆的贫穷面貌，2017年，和田地区和田县和谐新村科技小院宣告成立。它致力于沙漠土壤质量提升技术、沙漠设施农业高产栽培技术、水肥资源高效技术和沙漠农业专用肥技术的研发与技术示范。采用新技术的100余户大棚，户均增收4950元。

喀什地区的疏勒县科技小院，则指导了生产过程中的所有环节，从选择品种、整地、播种、田间管理、病虫害防治到销售。经过技术人员的指导，甜瓜白粉病、霜霉病等主要病害控制率达95%以上，甜瓜中心含糖量达16以上；同时，一亩商品瓜的产量可以达到1480公斤以上，销售额达5200元，纯收入达4500元左右。

赋予贫困户"造血"的能力

"扶贫先扶志，治贫先治愚。"扶贫的关键，是让贫困户掌握一技之长，

黄小米

最终依靠劳动脱贫。张福锁认为，科技小院扮演的角色，便是依照"授人以鱼不如授人以渔"的观念，为贫困户赋予"造血"的能力。只有这样，贫困户才能减少返贫的风险。

在吉林省白城市通榆县，通榆扶贫科技小院自2016年成立以来，又在县内的8个乡和8个镇，建立了扶贫科技小院工作站16处，覆盖通榆县全境。这些工作站的作用，就是通过精准谋划，因地制宜地发展贫困户能够直接参与、直接受益、稳定增收的特色产业，提高他们"自我造血"的能力。

截至2019年12月，通榆扶贫科技小院已经开发了五井子弱碱小米、石磨玉米面、育林粉条等10余个系列的农产品，培养了拥有农艺师资格证书的优秀合作社理事长和家庭农场主32人，累计培训农民4000余人次。科技小院的技术帮扶，使660户的1736名贫困人口实现脱贫，还间接带动农户3000余户。科技小院建立的农产品加工厂，每年还能解决20余名贫困人口的就业问题，使他们每人每年额外获得劳动收入6000元，为巩固脱贫成果上了一个"保险"。

截至2020年12月，全国已经建立了305个科技小院，培训农民10余万人次。科技小院师生通过驻村，与全国1000余名科研人员、6.5万名农技推广人员、13万名农业企业技术人员，以及452个县的2090万农民一起，共推广应用技术累计5.66亿亩，增加粮食生产3300万吨，减少氮肥用量120万吨，增收节支793亿元，为脱贫攻坚作出了突出贡献，在坚决打赢脱贫攻坚战的征程中，交出了一份科技扶贫的美丽答卷。

未来，全国各地的科技小院还将发挥更多的作用。按照张福锁的设计，它们将与地方政府、家庭农场、农民合作社和龙头企业开展技术合作，将特优农产品生产与农村电商、科技培训、信息服务融为一体。可以说，扶贫绝非努力的终点，建成富裕、体面的新农村，才是科技小院的终极目标。

张学院士（前排第一）走访当地农村

张学院士：
为故乡打造"不走的医疗队"

黑龙江省位于中国版图的东北，是一片肥沃却也苦寒的土地。在这里，广阔的农村地区不时受制于医疗资源的短板，使因病致贫成为一种潜在的危机。张学院士从2018年担任哈尔滨医科大学校长开始，便致力于黑龙江省的科技扶贫工作。他怀着改善老百姓健康状况的初心，利用团队的科研专长，为巩固脱贫成果效力。

让科研成果"接地气"
从遗传层面解释当地的疑难杂症

2018年，张学院士成为哈尔滨医科大学的校长，此时，他已经是基因研究领域的知名专家。通过与国内外专家合作，他对遗传性疾病的致病基因进

张学院士参加扶贫会

行了深入的研究，发现了多种单基因病致病基因和基因组病的致病DNA，例如，家族性反常性痤疮的三个致病基因、玛力·乌纳（Marie Unna）型遗传性稀毛症的致病基因、V型并指和一种新型短－并指综合征的致病基因等。他的研究成果，有相当一部分发表在《科学》《自然遗传学》（*Nature Genetics*）等世界顶级的学术期刊上。

不过，这些前沿的医学研究，只有投入临床医学应用，用于诊治或者预防遗传病，才能真正发挥其作用。而就在哈尔滨医科大学所在的黑龙江省，疾病和残疾导致的经济负担，常常使人们陷于贫困。截至2018年年底，全省有5.9万户11.8万贫困人口，而因病或因残致贫的占80.65%。这样的局面，使张学决定运用医科大学的资源，助力全省的脱贫事业，为老百姓注入预防遗传性疾病的观念。

2019年1月23日，张学在"哈尔滨医科大学助力健康黑龙江省精准脱贫攻坚职工志愿服务活动动员大会"上，宣布了自己的计划。他亲力亲为，在7月17日带领哈尔滨医科大学附属第四医院的三支医疗队总共18名专家,前往绥化市兰西县人民医院开展村医培训和送医送药活动,并走访慰问了兰西县胜利村的贫困户,切实把党的关心、关怀送到乡亲们的身边。

在走访的过程中,张学根据自己团队的科研方向,举办了相关讲座。他针对一些常见遗传性疾病如何提早发现、如何及早治疗、如何在下一代中进行预防等事项,对村民进行科普教育,在村民中引起了强烈反响。

深入基层开展调研摸排
取得了健康扶贫所需的一手资料

在这一次讲座之后,张学便与专家们一起,走访了村里的贫困户。他来到村四组村民刘亚范家里,坐到炕沿儿上与老人唠起家常。老人已79岁高龄,患有高血压、脑梗、冠心病等慢性疾病。她表示,幸亏有了党的好政策,到老了(仍然)能过上好日子。张学握着老人的手说:"习总书记告诉我们,在小康的路上一个都不能掉队,我们的任务就是把党的政策落实好。"得知几位帮

走访当地老百姓家

张学院士来到了乡镇卫生所,了解农村医疗卫生事业发展和村民看病就医情况

张学院士为当地赠送药品

扶对象都多病且没有劳动能力后，张学鼓励他们坚定生活信心，通过个人的努力和政府的帮助，走出生活的低谷，尽早脱贫致富。

随后，张学来到了乡镇卫生所，了解农村医疗卫生事业发展和村民看病就医情况。他走进诊疗科室，向医务人员了解检查、治疗、药价情况和村民患病情况。他也同前来就医的村民亲切交谈，询问看病是否方便、医疗费用是否昂贵、对农村医疗卫生工作是否满意等事项，全面了解当地卫生所的医疗实力与服务品质。

一位就诊村民对张学说："共产党对我们真好！我们低保户看病门诊医药费全免，住院费用的大部分还可以报销，这为我们脱贫致富提供了重要的保障。"这次调研使张学深刻地认识到，没有全民健康，就没有全面小康，就无法快速完成脱贫致富的目标，医疗卫生服务直接关系着人民的身体健康。而他的任务，便是推动医疗卫生工作重心下移、医疗卫生资源下沉，推动城乡基本公共服务均等化，为群众提供安全有效、方便价廉的公共卫生和基本医疗服务，真正解决好基层群众看病难、看病贵的问题。

最后，张学代表哈尔滨医科大学和哈尔滨医科大学附属第四医院，为当地赠送了药品，还为困难群众制订了合理的日常护理方案，并提供健康指导，以便为困难家庭减轻负担。他还鼓励患者全面了解健康素养知识，养成健康的生活方式，争取不生病、少生病，将因病返贫的风险扼杀在萌芽中。

依托优质资源精准扶贫
为老百姓送去健康

在张学的影响下，医学专家前往基层进行科普讲座、调研和送医送药等活动，已经成为哈尔滨医科大学科技扶贫的常态。医科大学的各附属医院纷纷前往全省的贫困地区，开展运用医学智力资源精准扶贫的行动。

2018年12月12日，由哈尔滨医科大学王丽敏教授带领的学生团队，走进了革命老区、国家级建档立卡贫困村——位于绥化市兰西县临江镇的富河村，为村民送去了一系列关乎健康的特殊礼物。他们为村民带来了新时代的健康理念、健康知识、健康生活方式、健康教育处方及实用的帮扶药品。

2019年4月19日，哈尔滨医科大学附属肿瘤医院派出"健康黑龙江省精准脱贫攻坚志愿服务团"，一行22人走进齐齐哈尔市富裕县塔哈镇东塔哈村，为老百姓送医、送药、送健康。5月9日，哈尔滨医科大学附属第四医院的专家义诊团，来到绥化市望奎县，开展精准扶贫攻坚活动。5月8日至10日，哈尔滨医科大学附属第二医院派出"汽车医院"，搭载着专家义诊团，在三天时间里一路向东飞驰1500余公里，奔赴佳木斯市桦川县悦来镇万升村、桦南县闫家镇闫家村和同江市乐业镇同胜村三处贫困村，开展了精准健康扶贫大型巡诊活动。7月5日，著名的"汽车医院"又搭载着来自中国疾病预防控制中心地方病控制中心的6名专家，以及来自哈尔滨医科大学附属第二医院13个科室的18名专家，组成义诊专家团，来到尚志市一面坡镇调研大骨节病防控结果，并进行精准扶贫大型义诊活动……

这些义诊活动，成为黑龙江省医疗扶贫工作的重要组成部分，也成为老百姓尽早、尽快脱贫的重要助推器。未来，张学的扶贫计划仍将继续。他的团队将根据黑龙江省特有的气候、地理、民族和地方病特色，编写适合黑龙江省省情的实用乡村医生培训教材，并为当地老百姓量身定做宣传健康理念的科普书籍。这些运用优质医疗资源努力打造的长效机制，最终目标是为曾经贫困的村落留下一支支"不走的医疗队"，让黑龙江省的老百姓能持续受益。

张志愿院士
专家团队

张志愿 | 口腔颌面外科学专家

1975年毕业于上海第二医学院口腔系，1991年获医学博士学位。曾任上海交通大学医学院附属第九人民医院院长，现任上海交通大学教授、博士生导师

张志愿院士拿着探照灯给患者做检查

张志愿院士：
发展基层口腔卫生事业

在医疗资源不足的贫困地区，口腔疾病同样难以得到有效的治疗。为了积极推动基层口腔卫生事业的发展，推广国内先进的口腔医学诊疗理念与技术，张志愿院士来到浙江省丽水市，开启了一场针对口腔卫生的健康扶贫。

临床指导本土医疗人才
提升其诊治牙科疾病的技术实力

丽水市位于浙江省西南部，辖域内的地形以山地、丘陵为主，交通不便，经济水平落后，卫生事业发展严重滞后。针对丽水市面临的困境，张志愿院士自2004年开始帮扶这里的口腔卫生事业，传播先进的诊疗理念，并促进口腔教育事业的发展。2015年，他在当选中国工程院院士后，第一时间在丽水市

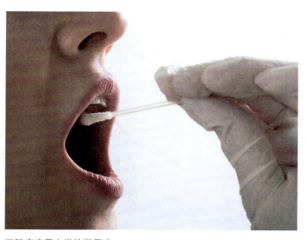
口腔疾病是人类的常见病

建立了自己的院士工作站，并运行至今。依托院士工作站，他根据丽水市地区的实际需要，组建了院士专家工作团队。团队由国内的知名专家教授组成，主要在临床、教学、科研等方面，全方位、多维度给予帮扶。

团队的首要任务，便是进行临床指导。丽水市人民医院创建于1937年，前身为浙江省第一临时辅助医院。它历经抗日战争、解放战争和社会主义建设大潮，尤其是改革开放40多年以来，医院已经发展成为集医疗、科研、教学、保健、医药研究、司法鉴定为一体的三级甲等医院。2001年，丽水市人民医院成为温州医学院附属第六医院和第六临床医学院，下属单位有（丽水）市口腔医院、市眼耳鼻喉医院、市畲族医药研究所、大众司法鉴定所、大众市民健康教育学校、秀山丽水大药房等，同时对碧湖医院进行托管。

根据丽水市人民医院的临床情况，张志愿组建了以口腔颌面部肿瘤、颞下颌关节疾病、口腔复杂种植、口腔正畸、口腔颌面部整复、颌面部脉管畸形、牙槽外科疾病的治疗等方面的专家团队。专家团队每年到丽水市人民医院20次以上，进行义诊、会诊及开展手术，每年义诊至少500余人次，年开展口腔颌面部手术50余台，为当地口腔患者带来国内顶级的治疗。

在进行义诊、手术指导的同时，张志愿及其团队也通过学术会议、专家讲坛、教学查房和疑难疾病会诊等方式，积极为丽水市培养本土医疗人才，使一批批优秀的医务人员脱颖而出。自院士工作站建站以来，丽水市人民医院口腔科斩获"绿谷特级名医"一名、"绿谷名医"一名、"绿谷医坛新秀"两名（"绿谷"是丽水市的别称），并有四名医师取得副高级职称。在专家团队的指导下，科室学习并掌握了口腔颌面部恶性肿瘤切除术后皮瓣修复、颞下颌关节盘移位复位术、复杂牙种植修复、复杂牙列畸形的矫正等牙科新技术。

促成学校专科专业升级
使其成长为一所新的学院

在对已经进入临床工作的牙医加以指导的同时，张志愿也着眼于"源头"，使正在接受医学训练的医学生，能够享受更好的教学资源。带着这样的想法，他率领专家团队，前往丽水学院医学院（丽水学院的二级学院），开展口腔医学方面的教学工作。

丽水学院医学院的前身为浙江省丽水卫生学校，创建于1965年5月，现设有护理学本科专业一个，临床医学、口腔医学、护理学、口腔工艺技术、护理学（口腔护理方向）和护理学（助产方向）全日制普通专科专业（方向）六个。其中，口腔医学专业创建于1980年，是浙江省最早创建这一专业的两所学校之一（另一所为浙江医科大学），具有较高的知名度和影响力。目前，口腔医学专业是医学院的特色专业，护理学专业则是校级重点专业。但是由于其地理位置偏远、医疗资源匮乏等原因，这些专业一直以来都只是专科专业。

为了推动丽水市的医学教育事业发展，张志愿结合丽水市口腔医学未来的发展定位，进行了前瞻性的规划、跟进式指导、具体化帮扶。在张志愿及其团队的帮助下，学院口腔医学专业于2012年顺利通过全日制本科评估，开始招收口腔医学专业的本科生，成为丽水学院医学院第一个本科学位点。2017年，丽水学院口腔医学院揭牌成立。

同时，在2017年的揭牌仪式上，张志愿也受聘成为丽水学院的名誉院长，并促成上海交通大学口腔医学院与丽水学院签署相互合作框架协议。上海交通大学口腔医学院每年组织教授40人次，到丽水学院为口腔本科生进行授课。为了进一步推动丽水市口腔教育事业的发展，张志愿坚持每年来丽水学院，为同学们讲授口腔颌面外科的绪论课程，为他们指明学习的方向。在为学生授课的同时，院士团队多次在丽水地区的口腔继续教育班授课。团队成员杨驰教授还通过帮助学院主办国家级学习班，使来自

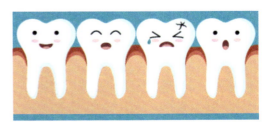

牙齿是人体坚硬的器官

国内多个省份的专家学者齐聚丽水市,提高当地口腔医师的诊疗水平和科学研究理念。

在张志愿及其团队的帮助下,丽水学院口腔医学院顺利通过浙江省教育厅重点学科建设验收,目前正在完善口腔一流学科建设的验收工作。

科研指导提升研发实力
为基层医务工作者创造机会

除在临床指导基层医院和提供高质量医科课程之外,张志愿及其团队同样致力于提升丽水市人民医院口腔科和丽水学院口腔医学院的科研能力。由张志愿担任主任的上海市口腔医学重点实验室,先后接收从丽水市人民医院、丽水学院前来进修的医生、学者10余人次,为他们提供科研实验指导,将他们培养为科研人才。团队成员孙树洋教授还多次到丽水市进行现场指导,针对研究生开题、课题申报等学术活动,提出建设性意见。在院士团队的帮助下,丽水市人民医院口腔科的科研影响力,由2018年位于全国第96位提升至2019年的第76位。

十余年来,张志愿始终以健康扶贫为己任,为丽水市的口腔卫生事业蓬勃发展助力,为贫困地区人民口腔健康保驾护航。张志愿及其团队为丽水市的口腔诊疗技术提高、口腔教育事业发展付出的心血,取得了良好的社会效应。他们通过实际行动,为贫困地区的人民带来了切实的利益。

带着在丽水市的成功经验,张志愿身体力行,多次赴国内老少边穷和技术落后的地区进行"健康扶贫"。通过手术示教、学术讲座、教学查房、疑难病例会诊等形式,为这些地区提供技术帮扶,同时派团队专家多次在当地开展义诊和教学培训,既服务当地患者,解决疑难病痛;又着力提高当地医师的诊治水平,在各地形成一支支"永远驻扎"的医疗队。

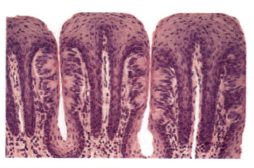
舌头表面有着许多乳头状的小突起

赵春江院士：
拥抱信息技术，弥合"数字鸿沟"

赵春江院士为内蒙古扎赉特
旗园区经营主体授课

美国著名科技趋势专家凯文·凯利有一句名言："未来已经到来，只是尚未流行。"当生活在大城市中的人们，已经对信息时代的种种便捷体验习以为常的时候，诸多偏远的贫困地区却不能享受信息技术带来的便利。在赵春江院士看来，弥合中国大地上的"数字鸿沟"，是脱贫攻坚棋局中的关键一步。

"数字化"带动农业升级

扎赉（lài）特旗位于内蒙古自治区东北部，是国家扶贫开发工作重点县。这里因为交通不便，农产品没有形成品牌，扎赉特旗的经济总量很小，而且缺乏发展的动力，是典型的"集中连片特困旗"。

2017年，赵春江带领团队开始与扎赉特旗国家现代农业产业园开展合作。作为国家农业信息化工程技术研究中心的主任，这位农业信息化专家深知网络与数据背后的经济价值，因而为扎赉特旗制订了拥抱信息时代的扶贫方案。在他的主持下，扎赉特旗围绕"智慧农业""休闲农业"这两个核心，不断完善其现代农业体系。2019年，产业园总产值达70亿元，农民人均可支配收入达2.3万元，是全旗平均水平的两倍以上，成为当地脱贫的"发动机"。

"智慧农业"的第一步，是推进农业生产的标准化。院士团队开发了"掌上产业园"App，使农民可以第一时间接收农牧生产信息和最新的地方扶持政策。通过App的"后台"，各种生产操作流程实现标准化，使产业园内的农业生产规范化，农产品的品质也更有保障。农民需要出售农产品时，也可以在App上找到没有法律漏洞的模板，并在完善信息之后，在线签署自动生成的电子合同，同时留下具有法律效力的"时间戳"。产业园和特色农产品的宣传推广，同样也可以通过App进行。

在App测试完善后，院士团队组织产业园内的龙头企业、新型经营主体和小农户广泛应用"掌上产业园"App，促使他们融入信息时代的洪流之中。有了这种"数字化"的基础，引入智慧农业技术的工作也就可以顺利开展了。

事实上，扎赉特旗正是国家绿色食品原料标准化生产基地。这里的土壤符合AA级绿色食品生产标准，灌溉水符合A级绿色食品生产标准，而且境内没有工业污染，是难得的农作宝地。赵春江决定进一步挖掘这些自然禀赋的价值，他为产业园创建了水肥一体化智能灌溉系统，结合水稻膜下滴灌旱作技术，实现亩均节约用水70%以上；同时，产业园也集成应用了病虫害绿色防控及农产品质量安全溯源系统，前者可以使用物理方式，帮助园区作物防治

赵春江院士团队为产业园安装培训智能机具

赵春江院士为园区各级管理人员及科技人员授课

病虫害，从而避免使用化学药品；后者则通过信息技术手段，保障农作物在流通过程中的质量安全。

赵春江带领团队还在产业园中修建甜叶菊智能育苗日光温室14栋、玻璃温室2000平方米，有效地解决了北方冬季环境中甜叶菊育苗的问题。为了指导农户科学施肥，他的团队在产业园中全面开展测土配方施肥化验，建立土壤养分地图，使肥料利用率达42%以上，降低了农民的成本。同时，他鼓励引导农产品加工企业开展产品认证，使农产品在市场上更有竞争力。

产业园还有着"近水楼台先得月"的优势，可以将赵春江及其团队最新的研究成果，迅速应用到生产中。在这里，数字和数据是农业生产的基石，前沿的互联网和云计算技术成为"智慧大脑"，帮助其完成农业大数据分析决策、田间智能设备管理控制、农牧民科技培训、市场信息采集与发布、农产品质量追溯、水稻和甜叶菊种子种苗繁育、土壤理化性状分析、生物菌肥应用等任务。总面积高达10万亩的"智慧农场"，置于现代信息技术的管理之下；千余套田间信息采集、视频监控终端、虫情测报系统、无人机遥感系统，成为生产者科学决策的依据。百余套农机智能装备，在田间实现精准作业，同时，利用北斗卫星、无人机、车载和手持设备，实现了"空、天、地"一体化遥感。农业园中的裕丰、龙鼎、恒大新谷园、嘉立铭等25家龙头企业，五道河子、共赢等93家合作社，近300家种养大户，都因为信息技术的助力如虎添翼。而生产效率的提升创造的经济价值，又带动了超过8万人走上致富之路。

利用网络展现新农村的魅力

近年来，乡村旅游成为人们关注的热点。赵春江也注意到了这种趋势，并思考信息技术与乡村旅游融合的可能性。他的团队帮助产业园打造了数字化乡村旅游项目，利用VR（虚拟现实）和AR（增强现实）等技术，将产业园的旅游项目进行数字化，并搬到互联网上，创造了"云旅游"的体验。

与此同时，传统的乡村旅游开发项目也没有停步。产业园开创了"插秧节""草原之旅自行车赛""丰收节"等系列线下活动，将农区变成景区、田园变成公园，形成"旅游＋农业观光""旅游＋农产品销售""旅游＋农耕体验"等多种农业和旅游业融合模式，使产业园成为网络上流行的"打卡胜地"，年接待游客达20万人次，形成了农民增收致富的新业态。

与此同时，互联网传播对农产品销售的促进作用，也引起了赵春江的关注。为了使更多的人知晓当地的特色农产品，他的团队全力打造推介"兴安盟大米·扎赉特味稻"公共区域品牌。

基于城市人渴望田园生活，但又不可能一直生活在农村的矛盾，院士团队全面推行"我在扎赉特有一亩田"私人定制认领田地活动。这项活动将原本种植绿色、有机作物的1万亩农田，升级为定制认领基地，在智

赵春江院士（右二）现场指导园区内加工企业

赵春江院士指导现代农业产业园创建工作

慧农业系统的"武装"之下，采用稻渔、稻鸭、稻虾、稻蟹等综合种养模式进行农业生产。城市居民定制"一亩田"之后，可以随时通过手机端了解水稻的长势，实时参与田间管理。到了秋天，基地负责将收获并加工后的鲜米、鱼、鸭等产品统一配送到客户家中，缩短田间到餐桌的距离，提升"扎赉特味稻"的知名度和附加值。

网络直播平台等新媒体的传播优势，也被赵春江及其团队转化为宣传"扎赉特味稻"的资源。在他的建议下，当地政府邀请知名网红和本地主播，在国内知名网络直播平台上，开展"流量扶贫"、网红带货、村官带货等活动，先后参加了天猫"双十一""县长来了"直播、"丰收节公益直播盛典晚会""淘宝直播盛典"等活动。在直播过程中，赵春江及其团队建设的"透明链"品控体系，成为农作物生产者与消费者建立信任的基础。来自扎赉特旗以大米为主的农产品，逐步成为网红产品。

"兴安盟大米·扎赉特味稻"公共品牌数字身份管理服务系统也已经上线运行。赵春江带领团队开发建设了供应链（物）、资金链（钱）、数字链

（账）"三链合一"的现代农业服务"绿芯"集成系统，为优质农产品配发"一物一码"数字身份证，建立包含食品安全、地域特色、惠农互助等多个指标的农产品评价管理体系，实现产业数字化、数字产业化。

除此之外，院士团队还将扎赉特旗国家现代农业产业园，打造成"数字县域经济实体"壹号基地，构建"扎赉特味稻"公共品牌运营体系，以促进农业高质量发展。

当"智慧农业"遇见电商

2019年4月18日，内蒙古自治区人民政府发布公告，扎赉特旗退出国家级贫困旗县序列。2020年9月，中央网信办正式公示"国家数字乡村试点地区"名单，扎赉特旗位列其中。扎赉特旗并不是赵春江及其团队运用信息技术开展扶贫工作的唯一地点。他与国内电商平台拼多多展开紧密合作，在云南省积极探索"智慧农业+电商"的扶贫模式。

自2019年开始，赵春江带领团队结合中国工程院的林下三七扶贫项目和拼多多在云南省的精准扶贫试点，通过种植环境智能监测和"智慧农业"系统构建等方式，在昆明市寻甸回族彝族自治县、曲靖市会泽县、普洱市澜沧拉祜族自治县等地的林下三七种植示范基地，以及楚雄彝族自治州武定县白路乡中沟核桃种植基地、西双版纳傣族自治州勐海县曾收农业专业合作社、怒江傈僳族自治州泸水市橘橼（yuán）种植农业专业合作社等，集成构建了"多多农园"云南智慧农业技术应用示范基地。团队围绕林下三七、小玉米、

云南怒江泸水水肥一体化智能装备应用现场

云南怒江泸水无线传感器网络安装现场

团队专家在澜沧林下三七调研

柑橘、核桃等高原特色农产品，与互联网、大数据、云计算、人工智能等领域深度融合，积极探索贫困地区的农产品标准化、规模化生产，以及创新销售形式，增强贫困地区特色农产品的市场竞争力。

在武定县白路乡，中沟核桃种植专业合作社地处海拔1800~2300米的高原，主导产业为200亩核桃林。根据数字化生产需求实施搭建的"核桃长势监控系统""作物生长环境监测系统"，为园区绿色有机生态种植提供了直观的数据支撑，使园区管理者可以及时掌握该基地核桃生长的全过程信息。智慧农业技术的加盟，帮助合作社实现了核桃的精准化种植，提高了核桃的品质。拼多多电商平台，则帮助农民增收增效。目前，合作社的102户建档立卡贫困户，每户可以通过核桃获得8000元左右的年收入，户均增收600多元。

在西双版纳傣族自治州勐海县，曾收农业专业合作社以大约100亩玉米作为主导产业。在基地原有的灌溉系统基础之上，赵春江带领团队协助其进行了升级改造，搭建水肥一体化泵站系统，配合田间滴灌系统，通过园区自

多多橘园介绍

动化施肥设备来提高劳动效率,让玉米生长得更好。这项技术升级,直接带动当地29户贫困户脱贫。

在怒江傈僳族自治州泸水市,橘橼种植扶贫专业合作社以大约100亩柑橘作为主导产业。针对园区种植需求,团队为园区配套安装了"柑橘生长环境监测系统""柑橘长势监测绿色防控系统""柑橘航空施药系统""数字农业智慧管控软件系统",通过系统集成,在园区中搭建起全方位、多维度的监控体系,带动了当地132户农户对科学种植的兴趣,达到"扶贫先扶志/扶智"的目的。

而在林下三七基地合作的基础上,赵春江带领团队与拼多多联合打造了"拼多多智慧农业大数据平台",针对拼多多在"多多农园"中农产品的透明、安全供应链的实际需求,提供"多多农园"在生产、管控、消费和追溯等核心环节的环境采集、生产过程管控和产品安全追溯等信息服务。

"拼多多智慧农业大数据平台"的数据,直接源自农业物联网数据,因此可以为智能装备提供稳定、可靠和智能的综合管控服务。这个平台的存在,实现了"多多农园"的透明安全供应,让消费者"买得放心、吃得安心"。

张文韬：
发挥"红娘"作用，
引领科技脱贫之路

////////////////////////////

　　云南省普洱市澜沧拉祜族自治县，曾经深陷贫困。但在中国工程院选派挂职干部张文韬看来，澜沧拉祜族自治县是"躺在金山上找饭吃"。因为，这里气候温暖、阳光充足、降水充沛、地域广阔，但由于没有人才、没有技术、没有资金、没有产业，才成为国家需要大力扶持的深度贫困县。为了改变这里的面貌，张文韬与朱有勇院士密切配合，引燃了澜沧拉祜族自治县科技扶贫的"三把火"。

////////////////////////////

　　澜沧拉祜族自治县地处中国西南边陲。在中华人民共和国成立之初，这里的生产关系正处于封建领主制向地主制转化的时期（前者的土地相当于"职田"，实行类似于农奴制的制度；后者则通常由佃农耕作土地）。偏远的拉祜族聚居村落，甚至还处于原始社会的末期。社会主义改造使这片土地在几年间走完了数千年的发展历程，迅速进入了社会主义社会。

　　但在数十年之后，这片少数民族聚居的"直过区"仍然深陷贫困，是国家592个扶贫开发工作重点县及云南省27个深度贫困县之一，也是中国脱贫攻坚的主战场之一。2016年10月，中国工程院选派张文韬到澜沧拉祜族自治县，挂职担任县委常委、副县长。他的任务，便是改变这片土地的贫困面貌。

　　"树枝倒插都能生根发芽的地儿，老百姓不应该受穷啊。"张文韬一直记得刚到澜沧拉祜族自治县时，看到当地美丽富饶的自然环境与贫困落后的百姓生活之间形成的巨大反差，他下定决心，一定要找准"穷根"，再将它们拔掉！

　　张文韬积极配合朱有勇院士，根据市场需要和当地实际情况，依托中国工程院的智力资源优势，引燃了澜沧科技扶贫的"三把火"。他针对产业发展的短板，推广发展林下有机三七、冬季马铃薯、冬早蔬菜等产业，以产业引领脱贫；针对人口素质短板，通过开设院士专家指导班、科技培训及建设普洱职业教育分中心等方式，实施素质提升工程；引进中国工程院的人才、技术、资金，全方面推动定点帮扶工作。这"三把火"，为澜沧拉祜族自治县全面脱贫注入了强劲的动力。

　　初到澜沧拉祜族自治县时，张文韬也曾"水土不服"，因为他听不懂当地方言，有种不知道该如何入手的无力感。但他没有气馁，而是一边努力学习方言、了解风俗习惯，一边夜以继日地走访贫困户，常常披星戴月，深夜才回到宿舍。在几个月的时间里，张文韬走遍了澜沧拉祜族自治县所有乡（镇），调研笔记写了厚厚一沓，每一页上都详细记录着调研的时间、存在的问题，以及自己的一些思考。几个月下来，这个朴实的山东大汉吃农家饭、讲拉祜语，终于和当地群众干部打成了一片。

　　产业是"造血"的核心。经过三个多月的调研，以及与朱有勇院士及其团队的深入交流和探讨，一条"人无我有"的产业发展思路，在张文韬头脑里逐渐清晰：澜沧拉祜族自治县的气候和土壤条件，适合发展冬早蔬菜产业。只有改变"靠天吃饭"的习惯，压缩"农闲"时间，才有可能创造更多的收益。

　　为了选择适合的示范样板，张文韬陪同朱有勇院士在当地"连轴转"地调研走访，把示范项目可能涉及的村子、寨子都跑遍了。他们白天在地里观察记录，晚上召集团队讨论研究，以找到符合当地种植条件的冬早蔬菜项目。经过研究和论证，他们为澜沧拉祜族自治县找到了"能转化到土地里"的科研成果，那就是在冬季种植马铃薯。如果能在每年11月、12月播种马铃薯，就可以在翌年3月、4月收获，使澜沧拉祜族自治县成为全国最早上市新鲜马铃薯的产区之一，利用"时间差"来保证销路。

　　2016年年底，100亩冬季马铃薯示范种植开始了。从种薯的选择到拱棚的建造，再到寻找销路，都留下了张文韬的汗水和心血。为了给马铃薯找市场，他来到山东省寿光市等地考察，在洽谈中凭着自己的诚意赢得了对方的信任，与北京及山东等地的企业签订了马铃薯销售合同，为马铃薯产业发展解决了"后顾之忧"。从2016年的100亩到2017年的2100亩，再到2018年的3000亩，在朱有勇院士的统筹布局下，张文韬凭着一股"啃硬骨头"的劲头，使冬季马铃薯产业这"第一把火"烧了起来。如今，这里的马铃薯亩产可以达到三吨，地头收购价每公斤三元，平均每亩收入9000元，使十几户农民成功脱贫。澜沧拉祜族自治县蒿枝坝村的村民刘扎丕用三亩土地"入股"种植冬季马铃薯，四个月下来，他的收入增加了近万元，而这相当于他家此前一年的收入。

在张文韬的协调下，朱有勇带领团队还为澜沧拉祜族自治县引入了十余年来的研究成果，那就是种植林下三七。2016年，院士团队在澜沧拉祜族自治县竹塘乡海拔1500～1900米的思茅松林下，开展了林下有机三七种植试验。到2017年，种植面积扩大到连片500余亩，并在全县20个乡（镇）选点开展了试种，累计种植面积达1000余亩。2018年，全县林下有机三七种植面积超过5000亩。澜沧拉祜族自治县松林资源丰富，适宜林下三七生态有机种植的林地约25万亩。如果以每亩产量50～80公斤（干重）计算，村民每种植一亩林下三七，便可增收5万～15万元，极具增收致富的潜力。在引进技术的同时，张文韬还未雨绸缪，引进了种植、管理、销售等企业，为做大、做强澜沧拉祜族自治县的林下有机三七产业打好基础。

此外，为了保障澜沧拉祜族自治县农业绿色、可持续发展，张文韬积极协调组织中国工程院相关院士专家，编制了《云南省澜沧拉祜族自治县农业绿色发展规划（2018-2025年）》，确定了林下有机中药材产业、冬季马铃薯产业、冬早蔬菜产业、职业教育发展、特色农业产业发展、精准产业扶贫示范等十几个重点扶贫项目，基本确定了全县各乡（镇）的主导产业和次要产业，为澜沧拉祜族自治县今后几年的农业发展指明了方向，为绿水青山变成"金山银山"奠定了基础。

在产业发展之外，"扶智"也是扶贫工作的重点。2017年，"中国工程院科技扶贫技能实训班"在澜沧拉祜族自治县开班了。它的招生对象是当地农民，没有年龄、学历等条件限制，只要是想脱贫致富、渴望学习实用技术的都可以报名参加。学员们跟着朱有勇院士和其他农业专家一起下地，边学习、边生产，"毕业"成绩则是用作物的种植产量和所饲养畜禽的生长情况来评估。

从2017年的4个班240名学员，到2018年的10个班600名学员，越来越多的农民得到了院士专家手把手的指导，成为村中脱贫致富的"种子"。

为了让更多适龄青年和贫困群众接受职业教育和职业培训，中国工程院提出了在澜沧拉祜族自治县建立普洱市职业教育分中心的设想，以切断贫困的代际传递。张文韬积极配合朱有勇院士及其团队，积极帮助协调职校建设所急需的4.9亿元经费，并成功邀请中国工程院土木、水利与建筑工程学部的王建国院士团队，负责项目的设计工作。这所学校可以容纳6000人同时就学，辐射普洱市的"边三县"（澜沧拉祜族自治县、孟连傣族拉祜族佤族县、西盟佤族自治县这三个与缅甸接壤的少数民族自治县）。

怎样把高层次人才引入澜沧拉祜族自治县，服务于县域经济发展，是张文韬一直思考的问题。在多次商讨、精心策划后，他以朱有勇院士的团队为基础，促成了首家"云南省院士专家工作站"的诞生。中国工程院院领导和数十位院士、近百位专家走入澜沧，以"一位院士、一个团队、一家企业"这样的工作机制，为澜沧脱贫攻坚工作出谋出力、献计献策。

在张文韬挂职的两年时间里，林下有机三七、冬季马铃薯、冬早蔬菜等一批批"人无我有"的脱贫产业陆续发展起来；一批批中国工程科技精英走进澜沧拉祜族自治县，为它的发展出谋划策；一批批土生土长的少数民族农民从院士手中接过了毕业证书，开启了脱贫致富之路……这一切变化，是当地群众做梦都想不到的。

"这个扶贫副县长选得准啊，他来了之后我们县变化真大！"谈起张文韬，澜沧拉祜族自治县的群众纷纷竖起了大拇指。在他的努力下，一场深刻的变革正在西南边陲一隅悄然发生。

张秉瑜：
挂职赣南成为对接"枢纽"

江西省南部，曾是中央革命根据地的核心，是中国革命前进的伟大基地，承载着光辉的历史。但因为交通不便、资源不足，这片土地长期陷于贫困。2018年4月，张秉瑜来到江西省赣州市挂职，为脱贫攻坚和振兴发展贡献自己的力量。

根据组织安排，2018年4月，张秉瑜来到了江西省赣州市。此后两年时间里，他先后担任市政府副秘书长、市工信局副局长、市招才引智局副局长等职务。在中国工程院党组、赣州市委和市政府的关心关怀和大力支持下，他紧紧围绕赣南苏区的脱贫攻坚和振兴发展，在智力支持、人才集聚、科技创新和产业升级等方面重点发力，开启了一段党性锤炼、工作历练、基层磨练、人生锻炼的难忘之旅。

为了做好挂职期间的各项工作，张秉瑜认真参加各级党组织的政治学习。这使他对扶贫工作有了更深入的认识，对赣南革命老区的感情也更加深厚。同时，他对共享发展的理念，以及与贫困地区同步奔向小康的目标也更加坚定。

张秉瑜走遍了赣州市的18个县市区，深入了解当地的发展情况。经过调研，他撰写了八份关于产业发展的调研报告，也明确了帮扶思路。他认为，脱贫的根本是思想脱贫，振兴的前提是思想解放。

作为中国工程院派出的挂职干部，张秉瑜成为中国工程院与赣州市对接的枢纽。中国工程院高度重视赣南苏区的扶贫振兴工作，张秉瑜协调院士专家聚焦科技帮扶，为每一项工作的"落地"贡献力量。

2018年10月，中国工程院党组成员、秘书长陈建峰院士携李卫、邱冠周、黄小卫等14位院士专家来到赣州市，通过走访调研及座谈交流，为苏区产业发展问诊把脉、答疑解惑。张秉瑜担任了这次调研的服务工作，院士们则代表中国工程院承诺，在高端智库建设、产业战略规划及成果转化等方面，为赣州市提供全方位帮扶。

2018年年底，张秉瑜与另一位挂职干部程霜枫配合，促成了首届"赣南苏区人才峰会暨院士专家民营企业行"活动顺利开展。在12月26日至29日举行的峰会，邀请了38位院士和300余名专家出席。峰会期间，还举办了省委书记院士专家座谈会、国际青年学者论坛、工业发展高质量论坛、赣州籍人才支援家乡论坛等系列活动。院士们聚焦赣南苏区电子信息、现代农业、新材料、新能源、中医药等产业，与109家企业单位精准对接、深度指导；与会院士专家举办专题讲座18场、咨询座谈会32场，提供咨询意见125条，解决困扰产业和企业瓶颈问题78个。峰会后，张秉瑜积极推进峰会的九项重要成果落地，涵盖农业、医学、矿业、制造业、建筑业等诸多领域。

赣州市境内拥有丰厚的稀土资源。为了让当地稀土产业得到更好的发展，2019年7月8日，中国工程院与江西省人民政府一起，在赣州市共同举办了以"创新、绿色、安全、高效"为主题的"中国（赣州）稀土产业高质量发展论坛"。张秉瑜参与了这次论坛的筹备工作，为与会院士们搭建起交流的平台，使他们为稀土资源特别是中重稀土资源绿色开发与高效利用积极探索新路子、好机制，为中国稀土产业高质量发展献计献策。

中国工程院副院长钟志华院士是车辆工程专家。张秉瑜便依托相关会议，使赣州市的新能源汽车产业能够享受中国工程院的智力资源支持。2018年12月和2019年7月，张秉瑜两度服务钟志华参加会议。第二次活动（论坛）结束后，钟志华调研了赣州市新能源汽车产业，了解了有关企业在生产经营、技术创新、市场推广等方面的情况和存在的困难，听取了江西理工大学和赣州市各部门在科研、人才等领域的合作需求，提出了有针对性、实效性的意见。

针对当地面临的具体问题，张秉瑜也积极协调院士专家聚焦科技帮扶。两年来，他协调各领域院士精准发力、扎实推进，科学有效地以产业扶贫、科技扶贫、智力扶贫、健康扶贫等方式，在农业、工业、医疗卫生和城镇建设等领域，无私帮扶苏区"老表"高质量、高效率地提升"造血"功能。院士们将一篇又一篇高质量的"论文"，写在了赣南苏区的大地上。

在农业领域，张秉瑜协调邓秀新、罗锡文、邹学校、李天来、方智远、李德发等院士团队充分利用赣南资源禀赋，依托自身科技和平台优势，围绕为赣南脐橙产业、蔬菜产业、水稻种植产业、纤维饲料产业等方面问诊把脉开良方，提供科技支撑，助力苏区群众脱贫致富。

中国工程院副院长邓秀新院士是柑橘种植和产业发展专家。张秉瑜在挂职期间，为邓秀新在赣州市进行的农业全域考察调研服务。通过"院士大讲堂"等方式，邓秀新在赣州市公开授课四次，在战略定位、科技扶贫助推果业发展等方面，对赣南脐橙产业的发展给予指导帮助，推动赣州市每年发展50万亩脐橙。不仅如此，邓秀新还在信丰县江西绿萌科技公司建立了院士工作站，探索院士帮扶企业、企业连接乡村、乡村带动包括贫困户在内的群众致富的新模式。邓秀新还协调中国农科院蔬菜及防治病虫害专家，在赣州市开展了蔬菜产业调研和现场指导，对蔬菜基地建设、设施发展、技术集成、品种育苗、病虫害防治、用药用肥、质量安全、市场流通与销售、经济效益等情况进行了详细了解，并对专业问题逐一分析，提出了建设性意见。

在工业领域，张秉瑜协调干勇、顾国彪、李卫、黄小卫、唐任远、陈毓川、裴荣富、陈清泉、张文海、侯保荣、段宁、朱蓓薇、王静康等院士及其专家团队，助力赣南苏区稀土、环保、食品加工、生物科技、化工等产业的高质量发展。

在医疗卫生领域，张秉瑜协调程京、夏照帆、钟世镇、李兆申、詹启敏、李松、郝希山等院士及其专家团队，帮扶医疗机构积极引进先进医疗技术等，开展健康扶贫公益项目，并通过数字化医疗、智慧医疗的临床转化运用，不断提升赣南苏区卫生健康发展水平。孟建民院士还帮扶赣州市设计了儿童医院，助力赣南苏区医疗事业高质量发展。

在城镇建设方面，张秉瑜协调王建国院士帮助瑞金干部管理学院设计了学院二期工程方案，并与国家文物局积极沟通，促成学院二期工程方案顺利审批通过。此外，张秉瑜还协调王建国帮助设计了赣州市的"三馆一书城"（市美术馆、市科技馆、市城市展览及产业发展馆、新华书城）和市档案馆，为城市风貌的提升作出了贡献。

在挂职的两年时间里，张秉瑜见证了赣南苏区日新月异的发展，也对中国特色社会主义有了更深入的理解。这段珍贵的挂职经历，将激励着他不忘初心、牢记使命，继承和发扬革命先烈的无私奉献与勇敢担当，在实现中华民族伟大复兴的征程中贡献力量！

马守磊：
高原乌蒙的"苹果书记"

云南省曲靖市会泽县竹园村，位于滇东北乌蒙山主峰段，最高海拔3000米，属于高寒冷凉贫困山村。2017年7月，马守磊受中国工程院派遣，来到这个定点帮扶村担任第一书记。面对竹园村脱贫出列的艰巨任务，他努力发展当地的苹果产业，将中国工程院的科技优势转化为贫困乡村的前进动力。

2017年7月，马守磊第一次来到会泽县竹园村，这是一个基础设施薄弱、贫困发生率高达35%的深度贫困村。该村唯一的致富希望，是村中的5000亩苹果园。但它们当中的40%是品种老化的低产果园，不仅产能低，而且果实在市场上无人问津。

上任伊始，马守磊就遇到了苹果滞销的难题。苹果是村里的主要经济作物，但是因为地处偏远山区，信息闭塞，竹园村苹果严重滞销，果农们唉声叹气。他从解决群众最关心的问题入手，在网上开展了竹园村苹果众筹活动。在中国工程院同事和众多爱心人士的支持下，短短十几天，他就通过互联网为果农卖出100多吨滞销的苹果，销售收入达20余万元。

不过，公益众筹只是权宜之计。为彻底打开竹园苹果销路，马守磊争取到昆明理工大学老师和创业团队的支持，以金钟街道三名优秀大学生村官为核心，开通了淘宝店。同时，他在昆明召开"爱心扶贫、牵手会泽"新闻发布会，帮助竹园苹果进入昆明外资高端超市销售。

为了帮助竹园村尽快摆脱贫困，马守磊将精力放在发展优势产业方面。在他的协调下，数十位全国农业领域的专家来到竹园村进行实地调研、反复论证，最终确定做大、做强高原苹果产业。但农户现有的"单打独斗"模式，难以适应激烈的市场竞争。于是，他带领扶贫工作队和村两委班子多次召开会议，统一思想、形成共识，动员党员和种植大户成立合作社。通过几轮动员，竹园村联合周边三个村庄共一万亩果园，成立了"会泽世外桃源种植合作社"。

依托著名果树学专家、中国工程院院士束怀瑞设在云南省农科院的工作站，郝玉金教授、马钧研究员对竹园村苹果产业发展进行了技术指导，对"秦冠"等老化品种进行了改良，新栽和嫁接果树1000余亩，建立了"中国工程院科技示范果园"。果农从这位年轻的干部身上看到了干劲和热情，看到了脱贫的希望，亲切地称马守磊为"苹果书记"。

产业的发展，受到多方面的影响。基础设施的薄弱，是制约竹园村发展的最大瓶颈。泥泞崎岖的山路，果贩子都不愿意上来收苹果。为了改善交通状况，马守磊到各级交通部门积极沟通协调，经过努力，长度11公里、投资预算550万元的龙姜公路在2018年被列入修建计划，2019年初建成通车。他还积极协调建设农田水利等基础农业设施，为产业发展夯实基础、补齐短板。

缺少稳定的销售渠道，是农产品的痛点，也是农民极不擅长的领域。在中国工程院和会泽县县委政府的支持下，马守磊推动建立了会泽县"第一书记电商平台"，汇聚会泽县355支扶贫工作队的人才和帮扶资源，在网络平台上开设了"云南高原特色产品企业店"，在会泽县，以及昆明市开设了"云南高原特色产品实体体验店"。他以会泽县为起点，以省会昆明市为中心，辐射全省，共同推广云南高原特色产品。不仅如此，他还主持召开"第一书记产业扶贫暨消费扶贫论坛"，呼吁驻村扶贫干部、龙头企业、青年创业者形成合力，促进合作社健康成长。

合作社的成长、产业的发展、农村人才的培养为竹园村打下了良好的基础，也为实施乡村振兴战略提供了可能。借助中国工程院的人才优势，陈剑平、彭金辉、束怀瑞、黄璐琦等六位院士，为竹园村的果业和中药材等产业担任发展顾问，形成了"6院士+4单位+10专家"的立体科技支撑体系。这些宝贵的高端人才，不仅指导会泽县竹园村的科学发展，也为云南省实施乡村振兴战略提供了强大的智力支撑和资源保障。

马守磊的工作，极大地改变了竹园村的贫困面貌。通过改良苹果品种，竹园村的苹果售价在短时间内增长为原来的10倍，从每公斤1元变为每公斤10元，却仍然供不应求，成为村庄脱贫致富的引擎。更重要的是，这些扶贫举措为当地农民注入了依靠科学种植、依靠信息技术销售，以及紧跟技术发展的观念。马守磊也凭借改变乡村面貌的实绩，被中国宋庆龄基金会评为全国百名"乡村致富带头人"。

常军乾：
在云南扶贫的二三事

常军乾出生在农村，对老家农村的贫困状况记忆犹新。工作以后，他虽然身在城市，却对农村有着天然的感情，一直希望为扭转农村的贫困局面做些事情。2015年7月，他来到云南省曲靖市会泽县，开始融入基层、带领当地脱贫"出列"的征程。

2015年7月底，经组织选派，常军乾从中国工程院来到会泽县宝云街道赵家村，担任村第一书记，全面参与赵家村的脱贫攻坚工作，之后又担任会泽县县长助理，参与全县的扶贫工作。

到赵家村报到的第一天，常军乾就开始走村串户，走访贫困户、移民户、老党员、致富能手、残疾人，以及参加过对越自卫反击战的老兵和有在读大学生的家庭，以求尽快弄清村情民意，找到扶贫的"抓手"。

不过，摸排工作进展得并不顺利。因为方言的关系，常军乾并不太能听懂村民们的话，在电话中交流更是如此。有一些特定的词汇，含义与北方方言差异很大，非常容易造成误解。

常军乾不太好意思让村民"再说一遍"，决心通过学习克服"语言障碍"。每次到村民家，他会尽量多与家中的学生交流，因为他们的口音相对不重。几个月后，他基本能听懂村民们讲话了，并且还能说上一两句。

克服了语言不通的问题，以及云贵高原带来的高原反应和当地嗜辣的饮食习惯带来的肠胃不适，常军乾逐渐融入当地的生活，扶贫工作也逐渐开展起来。他发现，因为学费的关系，有些村民只愿意让孩子读到小学；即使稍微富裕点的家庭，能够勉强供孩子读完高中，也会为大学的学费和生活费发愁。

常军乾认为，学费带来的经济紧张只是暂时的，待学生毕业工作，这个家庭就有了"自我造血"的能力，会逐步摆脱贫困。在"一方水土养活不了一方人"的贫困地区，教育扶贫是有效的途径。带着这样的想法，他决定首先解决"因学致贫"的问题，不仅拿出自己当月的工资，还通过微信广泛发动他的大学和中学同学，号召他们捐资助学，通过这种方式筹集到4万元资金，作为学生们复学的经费。这样的义举不仅解决了当地学生们的经济困难，也使他成为村民信赖的人。

　　除了"教育扶贫"，"健康扶贫"也同样重要。常军乾曾在中国工程院从事院士医疗保健方面的工作，会定期邀请医学领域的著名专家为院士们进行医疗保健讲座并现场"坐诊"，每期讲座均录制视频。同样，他通过农民夜校，为村民们播放这些录像，并邀请了县医院的两位医生现场为村民解读医学知识和进行义诊。他还从北京西苑中医院拿到了中医保健科普知识画报的电子版，将这些海报喷绘并贴在村里的房舍上。这些举措都深受居民们的欢迎，也提升了他们的健康保健意识。

　　尽管村中资源有限，但常军乾仍然努力发挥"领头雁"的作用，寻找赵家村脱贫出列的关键制约因素，并针对"穷根"设计相应的"脱贫清单"。为了使村庄拥有"造血"的能力，他与村"三委"班子一起，联合会泽县明秀种植合作社，在已有的600余亩梨树园基础上，盘活其他400亩宝珠梨园。他还帮助村民承包种植葡萄园，为赵家村致富能手和扶贫队员提供到昆明培训的机会。在农事之外，他也抓住互联网经济迅速发展的历史契机，扶持村里年轻人利用新技术创业致富。在他的努力下，赵家村开设了一个农村淘宝店，云南省的国资商城也在赵家村设点，为农产品交易提供了更为高效的渠道。

　　作为中国工程院派往贫困地区的干部，常军乾也充分发挥协调纽带作用，为会泽县全县脱贫发展而努力。他为会泽县争取渝昆高铁过境并设站方面做了大量工作，发挥了重要的桥梁纽带作用。他与铁路总公司、省政府、铁路局、铁路设计院的领导和技术人员反复沟通，多次参加路线审查会和现场勘察工作，在国家及工程院相关领导和院士、铁路总公司、中铁二院及云南省的大力支持下，渝昆高铁已确定过境会泽县，并在县境内设车站三个。这不仅极大地缩短会泽县到重庆市、成都市、昆明市甚至北京市的时间，而且会吸引超过200亿元的投资，带动一系列产业发展，带来30年跨越发展的机遇。

在常军乾的努力下，2016年，中国工程院也为会泽县职业技术学校争取到2600万的资金，并为会泽县的水泥企业提供技术支撑，通过产业和教育的方式助力扶贫。与此同时，在中国工程院帮扶会泽县的古城规划、旅游发展及重点项目规划中，常军乾积极与项目承担方西安建筑科技大学沟通协调，保障项目的正常进行。除此之外，中国工程院的诸多学术资源，也经由他这一条纽带，源源不断地为会泽县的产业发展和教育事业助力。

两年时光很快过去，常军乾回到了中国工程院。但他仍然关心会泽县的发展，继续作为中国工程院和会泽县之间的桥梁纽带，使这片走出贫困的热土变得更加富庶。

王波：
"北燕南飞"真扶贫

云南省曲靖市会泽县，地处乌蒙山主峰地段，是自然条件极为恶劣的贫困县。2017年7月，中国工程院一局咨询处三级调研员王波主动请缨，前往会泽县挂任县委常委、副县长，负责科技扶贫和生态扶贫工作。在挂职期满之后，他又主动向组织提出延期一年，以巩固脱贫攻坚的成效。在三年时间里，他动真心、付真情、扶真贫，用辛勤的汗水描绘出红土高原上一幅金色的美丽画卷。

会泽县的贫困局面，很大程度上是由地理条件决定的。这里高寒冷凉，发展基础极度薄弱，使人们不得不广种薄收。2017年，全县人口的三分之一居住在深山区、石山区、高寒冷凉地区、泥石流滑坡地带，贫困人口达34.17万。可以说，会泽县是"贫中之贫、困中之困"，是国家扶贫开发工作重点县，也是乌蒙山片区的集中连片特殊困难地区县。

按照会泽县的相关规定，县级领导必须承包一个乡镇、挂包一个贫困村的脱贫攻坚工作。到会泽县挂职后，王波负责挂包金钟街道麦地村。麦地村距离县城30公里，平均海拔2440米，只能种植玉米和马铃薯。虽然与县城的直线距离不算太远，但由于处在深山区，交通不便，经济比较落后。

王波第一次走进麦地村时，村里的贫穷面貌令他吃惊，村民也用惊奇的眼光打量着这个讲普通话的副县长。王波一家一户走访，村民说了啥，他听不懂，但他看到了群众眼里殷切的脱贫期盼，村民们虽然没听到什么承诺，但他们相信，北京来的干部一定会带领大家过上好日子。随后，王波调整了自己的工作方法，穿着T恤衫和运动鞋进村，看到哪家在干活，就去帮帮忙，尽快和村民搭上话。平时在村委会吃饭，走访时遇到村民家在吃饭，他会坐下和大家简单吃上一顿。几个月下来，王波渐渐能听懂当地的语言，有时还能说上几句，与群众成为朋友。甚至，村里的狗也把他当成了村中的一员，不会去追咬。

在调研中王波发现，会泽县燕麦种植历史悠久，但面积小、产量低、品种退化，亩产仅60~70公斤。于是，王波向县委、县政府汇报了自己的想法，提出了"推广农业现代新技术，引种试验示范新品种燕麦"的思路。没想到，县委、县政府主要领导十分赞赏、大力支持。随后，王波请来了两位中国工程院专家，从北方引进20多个燕麦品种，在海拔2500米的会泽县大桥乡开展小范围试验试种。经过两年多的时间，从6个批次46个品种的引种中筛选出了适合当地种植的新品种燕麦，而且实现了高产、稳产，平均亩产超过300公斤，最高亩产达450公斤，饲用干草亩产达1.8吨。目前，他已在全县12个乡（镇）推广种植燕麦5万亩，惠及贫困群众1.6万人，带动群众人均增收1500元。燕麦试种成功后，王波又请中国工程院的专家帮助研发深加工产品。结合大城市时间紧、节奏快的特点，开发了营养丰富的燕麦片等产品，并将其销往北京、上海、广州。

在扶贫实践中，王波还摸索出"秋燕麦+夏马铃薯"的种植新模式。秋播燕麦，夏种马铃薯，通过一年收两季的轮作方式，实现"人忙地不闲"。土地综合利用价值得到提高，使每亩农田增加纯收入4500元。不仅如此，这样的做法还减少了风沙和面源污染，改善了生态环境。

王波说："按照2019年人均纯收入3750元的脱贫标准，每种好一亩地，就能脱贫一个人。这个产业会成为高寒冷凉山区脱贫致富的新希望！"目前，燕麦种植已成为会泽县脱贫攻坚的主导产业，2021年计划发展到20万亩，正在逐步形成一个产值超过10亿元的绿色健康大产业。

会泽县山高林广，有林地544万亩，但大部分尚未开发利用。在调研走访后，王波大胆提出了"发展林下食用菌产业，提升林地利用率"的工作思路。在他的倡导下，2017年，会泽县在者海林场成立了陆木仿野生菌种培育中心，开展食用菌林下仿野生种植、菌种培育、种植技术培训及推广等工作。2018年，他又邀请到李玉院士，带领团队专程到会泽县考察指导食用菌产业。经李玉提请，中国工程院出资12万元，购置了一套灭菌设备和两台显微镜,帮助培育中心解决菌种生产的核心问题。

在中国工程院的大力支持和帮助下,会泽县林下种植的羊肚菌、冬荪、大球盖菇、灵芝等七个菌种获得成功,平均每亩净收益3000元以上,示范推广上千亩。在朱有勇院士的指导下,该地还试验种植了200亩有机三七,亩产值达20万元。这些试种项目,为会泽县接下来进行百万亩适宜林地开发,带动30万林农脱贫致富打下了坚实的基础。林下无人要的枯枝落叶,变成了食用菌的有机肥料;一片片荒芜的林地,变成了一个个绿色的聚宝盆。

王波刚来会泽县挂职时,家里并不支持,妻子更是反对。当时,王波的孩子才两岁,而他的妻子徐丽君也是一名农业科技研究员,工作非常繁忙。王波第一次回家,妻子一脸疲惫、满眼委屈,女儿也因为长时间没见到爸爸,抱着王波啼哭不止。王波满怀愧疚,耐心细致地和妻子讲述会泽县的"贫困情况"和自己肩负的使命。在"小家""大家"之间,王波舍小家顾大家,无怨无悔地站在了脱贫攻坚第一线。

随着脱贫攻坚的深入推进,徐丽君也渐渐理解了王波,带着孩子和老人专程前来看望。王波带妻子来到了红土村寨,走进了石板人家。会泽县贫穷的状况令她震惊,她决定跟随丈夫,帮助会泽县脱贫致富。

徐丽君在中国农业科学院农业资源与农业区划研究所工作,任国家牧草产业技术体系综合试验站站长。她充分发挥自己的技术专长,帮助会泽县引进试验种植高产燕麦新品种,还请来了自己的导师——国家牧草产业技术体系岗位专家、中国农业科学院草原研究所研究员孙启忠,一起为会泽县燕麦产业发展出谋划策。

为做大、做强会泽县高产燕麦产业,2019年7月,王波挂职期满又主动向组织申请延期一年。妻子也跟随他在红土高原上并肩奋战。经过三年的努力,由王波夫妇和中国工程院团队一起精心培育的高产燕麦和林下种植扶贫产业,已初具规模、成效显著。徐丽君带领团队,加入会泽县脱贫攻坚队伍中,谱写了一首夫妻携手战贫困的时代赞歌。

刘元昕：
奋战在"第二故乡"

促成49位院士和数以百计的专家，深入云南省普洱市澜沧拉祜族自治县"把脉问诊"，这是刘元昕的挂职"成绩单"。从2018年11月开始，他充分发挥中国工程院和澜沧拉祜族自治县之间的桥梁纽带作用，与广大院士专家一起奋斗，通过"产业＋技能"的科技扶贫模式，为这里带去了脱贫致富的希望。

2018年11月，中国工程院派刘元昕前往澜沧拉祜族自治县。这里是中国工程院"定点扶贫"区域，也是常年陷于深度贫困，在脱贫攻坚中亟待攻克的"堡垒"。

朱有勇院士和他的团队曾经多次深入考察澜沧拉祜族自治县，结合当地自然资源富集、生态环境优良、立体气候明显的特点，着重培育了符合澜沧拉祜族自治县实际、符合市场需求，辐射带动能力强的林下三七、冬季马铃薯、冬早蔬菜等产业。

为了将朱有勇的科技成果推广到全县各乡镇，保障企业"种有所成"，百姓"种有所获"，刘元昕不仅学习了种植产业的技术标准和规范，还多次深入乡镇调研，来到田间地头和松树林间，了解土壤、水源、光照等情况，把好第一道"质量关"。

在一部分乡镇，很多农民对林下三七和冬季马铃薯产业心存怀疑。为此，刘元昕在走访村民小组时，为当地百姓细心讲解这些产业创造收益的情况，增加了群众对这些产业的了解，增强了致富的信心。截至2020年年底，全县共示范种植林下有机三七10000余亩，带动农户2469户约9000人，每户平均增收2.5余万元；推广种植冬季马铃薯约17000亩，带动农户约6600

户2.6万人，平均每亩为农户增收3000～5000元。

澜沧拉祜族自治县由于社会发育程度低、交通闭塞、教育水平低等原因，常年陷于贫困，这些也是阻碍科技成果转化为生产力的关键原因。中国工程院为澜沧拉祜族自治县量体裁衣制订的"院士科技扶贫指导班"，培养了1500多名新型职业农民，2800多名基层技术人员和农民群众。

如何把"院士科技扶贫指导班"的成功经验带到校园里，是刘元昕极为关心的问题。为了实现科技培训覆盖当地全部农村人口的目标，他召集相关部门研究探讨，并多次向朱有勇汇报，积极争取中国工程院和省、市各级部门的支持，在有序推进项目建设的同时，谋划接下来的办学方向和办学特色。这使得澜沧拉祜族自治县的适龄青年和贫困群众能够接受职业教育和职业培训，促进继续升学或者就业、创业，推动区域经济社会发展和脱贫攻坚，同时为澜沧拉祜族自治县储备了充足的本土科技人才。

澜沧拉祜族自治县现有的产业体量大、规模小、产量低，缺技术、缺规划是困扰产业发展的最大瓶颈。针对这些问题，刘元昕多次调研澜沧拉祜族自治县的茶叶、甘蔗、茨竹、生猪养殖等产业情况，还邀请了陈宗懋（mào）、印遇龙、张涌等院士和多名专家来到澜沧考察，为产业发展把脉问诊。

刘元昕也帮助引进了年产2.5万吨的安琪酵母生产线、万亩现代农业科技示范园、年产1000吨的三七酒厂等项目，这对延伸相关产业链条和提高附加值具有重要作用。此外，平日里忙于工作的他，之前并不熟悉网络直播这种新的传播手段，但是为了帮助当地企业解决农产品滞销问题，带动农户增收，他主动学习之后还直播"带货"助销产品，受到网友的一致好评，帮助完成销售额超过20万元。

经过全县上下艰苦卓绝的奋战，澜沧拉祜族自治县实现了脱贫的目标。2014年至2019年，这里累计脱贫55480户203501人，贫困村"出列"156个，贫困发生率从2013年末的45.85%降至1.61%，全面解决了区域性整体贫困难题，提前一年实现了整县"脱贫摘帽"的目标。

为了持续巩固脱贫成效，推广科技扶贫成果，刘元昕在引进符合澜沧拉祜族自治县产业发展企业的同时，也有着更长远的想法。他认为，科技扶贫的布局不仅限于产业，也要在教育、医疗、工业、城市规划等方面，做更多的突破。只有让科技帮扶"立体化",才可以确保已经脱贫的人口"脱真贫""真脱贫""不返贫"。为此,他深入了解澜沧拉祜族自治县在各方面的诉求,借助中国工程院的智力资源,积极协调各个领域的院士专家来到澜沧拉祜族自治县,帮助改善各领域的短板问题。

作为一名挂职干部,刘元昕始终心系澜沧拉祜族自治县的贫困群众。每一个产业的发展,每一个项目的引进,他都亲力亲为,切身感受群众之所盼,切实解决群众之所需。他把澜沧拉祜族自治县称为他的"第二故乡",并在这里写下了浓墨重彩的一笔。

何朝辉：
奋战在"时代楷模"身边的
驻村第一书记

"农民院士"朱有勇扎根云南省普洱市澜沧拉祜族自治县，为当地种植业进行"升级"的事迹，我们已耳熟能详。而在这位扶贫攻坚的"时代楷模"身边，也有很多致力扶贫的专家学者和干部，在为当地的脱贫致富效力。曾经担任澜沧拉祜族自治县云山村第一书记的何朝辉，便是其中的一员。

2019年8月，何朝辉由中国工程院派驻澜沧拉祜族自治县云山村，开始担任第一书记。一年来，他在"时代楷模"朱有勇院士的示范引领下，以坚定的信念和饱满的热情，全身心投入脱贫攻坚工作中，进"百家门"吃"百家饭"，在拉祜山乡践行着一名共产党员的初心和使命。

何朝辉驻村后，恰逢第二轮"不忘初心、牢记使命"主题教育活动全面开展。他将党建工作与脱贫攻坚结合起来，深入村寨，与党员群众广泛谈心谈话，迅速掌握了村情及"贫困情况"。在征得乡党委同意后，他对云山村党总支进行了改组，撤销原"支委会支部"，将原来的五个支部撤并成蒿枝坝、复兴、云山三个支部。原归属"支委会支部"的村两委和驻村工作队员党员全部"下沉"，何朝辉也将党组织关系迁至蒿枝坝支部，并有意识地着力打造标杆支部。

这一系列的整改措施，犹如疾风骤雨，但由于有序推进，深受党员及群众的拥护，有力解决了长期以来基层对党建工作不重视、党员在脱贫攻坚工作中显示度不够、党支部带头作用不明显等问题。

蒿枝坝（村）党支部所在地正是朱有勇院士长期扎根的地方。朱有勇院士常说："我首先是一名共产党员，然后才是一名科技工作者。"作为距离朱有勇院士较近的党支部，在这位"时代楷模"的言传身教下，蒿枝坝党支部组织群众、凝聚群众，积极开展冬季马铃薯示范种植，配合"院士专家扶贫技能实训班"开班，发挥了重要的作用。蒿枝坝党支部成为名副其实的"坚强堡垒"，在科技引领脱贫攻坚、团结促进乡村振兴、弘扬"时代楷模"精神等方面，发挥了重要作用。2020年3月，蒿枝坝党支部被命名为"普洱市规范化建设示范党支部"，9月又被命名为"云南省规范化建设示范党支部"。

林下三七是朱有勇首创"不打一滴农药、不施一粒化肥"，实现原生态种植的重要科技成果，也是中国工程院科技扶贫澜沧拉祜族自治县的重要产业。2019年10月，林下三七喜获丰收。如何打响上市"第一枪"，关系到整个产业的发展和企业、农户的信心。受朱有勇院士委派，何朝辉同志策划了竞卖活动，负责制订竞卖规则、邀请参与竞买企业，并主持首场竞卖会，最终使药材以每公斤8000元（干制品）的高价成交。

2019年年底，在朱有勇院士的帮助下，云山村争取到"东西部协作资金"100万元，用于种植50亩林下三七，收益的50%归云山村集体所有。当时，这项举措被认为是集体经济壮大的重要支柱。由于何朝辉具有药学和知识产权方面的专业素养，便被邓秀新副院长"精准选派"，支援这一项目。在这一年时间里，何朝辉协助朱有勇院士的三七团队，从组织农户务工，到保障水电路；从申报一件件发明专利，建立知识产权保护体系，到制定地方标准，谋划地理标志产品运营，何朝辉深度参与林下三七项目中，不仅使项目取得成功，也收获了满满的成就感。

冬季马铃薯是朱有勇院士最早带到澜沧拉祜族自治县，并实现整寨脱贫的重要产业。何朝辉驻村后，紧紧依靠朱有勇院士团队与县、乡农技部门，积极学习马铃薯种植技术，首次采用滴灌设施并遴选公司，首次通过组织合作社的形式加强田间管理，从而保障蒿枝坝基地克服了10年不遇的旱情，获得了亩产3吨的丰收。

2020年4月，在云南农业大学和电商平台的支持下，蒿枝坝基地首次引入直播带货模式，朱有勇院士亲自当主播，使600多吨马铃薯在两天内销售一空，农民获利165万元，有力地巩固了云山村的脱贫成效。

朱有勇院士也为澜沧拉祜族自治县引入了酿酒工业。边疆少数民族对酒精饮料的需求，使朱有勇决定亲自设计一座标准化酒厂，并且通过制造药酒延伸林下三七产业链。云山村集体成为酒厂第二大股东，每年可以获得至少6万元的保底分红。

2020年1月2日，澜沧云辉酒业有限公司注册成立，选址蒿枝坝二组，以"边设计、边施工、边报批"的方式在春节前破土动工。何朝辉全程参与了酒厂建设，与施工、监理和设计等各方进行沟通协调。特别是在土地补偿、水源供应、基础设施建设等方面，他带领村两委、驻村工作队做了大量的群众工作。

春节后，在县委县政府的大力支持下，酒厂克服了突如其来的疫情影响，在全县率先复工复产。5月15日，酒厂主体工程建设和设备安装调试完成，何朝辉组织就地购买粮食，招募员工，开展试产工作。7月1日，经云辉酒业董事会会议明确，何朝辉担任酒厂扶贫项目负责人，正式承担日常管理、证照办理和新品上市等工作。目前，酒厂拥有正式员工八名，日煮粮900公斤、烤酒500公斤，确立了"产量为主、质量优先"的发展战略，以委托生产和自主生产相结合的形式，推出"蒿枝坝"三七花酒和小曲清香型白酒两个系列，线上和线下的销售和市场推广工作也全面展开。

同样是在2020年，何朝辉与村两委班子和驻村工作队员一道，在朱有勇院士的支持下首次引进12个酿酒型高粱品种，并说服发动群众示范种植高粱、玉米、薏仁660亩，作为云辉酒业的生产原料。10月，这些用于酿制中国式白酒的作物迎来了丰收，全部由云辉酒业收购，引得其他乡镇纷纷前来学习效仿。轮种冬季马铃薯和酿酒原料的策略，在扶贫工作中发挥了卓越的成效，也成为蒿枝坝农业科技示范园的基石。

为了推动种养结合，何朝辉率村两委和驻村工作队，争取各级扶贫资金50万，启动了山岔河小寨养殖小区建设工作。他邀请院士专家举办技能培训班，由养殖专业授课团队指导圈舍建设和牧草种植，聘请"云岭牛"创始人黄必志研究员担任合作社首席科技顾问，并推荐了四位村民到昆明、玉溪深入学习养殖技术。同时，依托云南战略院重点咨询项目，何朝辉积极引进"云岭牛""茶花鸡",推动肉牛、土鸡品种改良。在他的协调下,印遇龙、张涌两位院士先后深入云山村,指导推进养殖产业科学、健康发展。

云山村集天时、地利、人和于一身,已经高质量实现了脱贫出列,正大踏步走向乡村振兴。由何继善院士亲笔书写的"云山村"农副产品商标即将落地,由朱有勇院士亲笔题词的"中国工程院院士专家技能培训班茶叶学员店"开张营业,"时代楷模"学习基地、乡村旅游线路等正在积极打造……李晓红院长所期待的"让蒿枝坝富起来、美起来、强起来"的目标,即将变为现实。而这些美好愿景,正是何朝辉奋斗在农村广阔天地,奋战在"时代楷模"身边的力量源泉。